Alessandro Paes dos Reis   Emerson Morais Vieira

O MAPA DO SEU NEGÓCIO

Como empreender no rumo certo

Publisher
Henrique José Branco Brazão Farinha
Editora
Cláudia Elissa Rondelli Ramos
Preparação de texto
Gabriele Fernandes
Revisão
Vitória Doretto
Hamilton Fernandes
Projeto gráfico de miolo e editoração
Daniele Gama
Capa
Rubens Lima
Impressão
Maistype

Copyright © 2017 *by* Alessandro Paes dos Reis

Todos os direitos reservados à Editora Évora.

Rua Sergipe, 401 – Cj. 1.310 – Consolação

São Paulo – SP – Cep 01243-906

Telefone: (11) 3562-7814/3562-7815

Site: http://www.evora.com.br

E-mail: contato@editoraevora.com.br

DADOS INTERNACIONAIS PARA CATALOGAÇÃO NA PUBLICAÇÃO (CIP)

R298m

Reis, Alessandro Paes dos
  O mapa do seu negócio : como empreender no rumo certo /
Alessandro Paes dos Reis, Emerson Morais Vieira. – São Paulo :
Évora, 2016.
  xiii, 256 p. : il. ; 16 x 23 cm.

ISBN 978-85-8461-060-0

  1. Empreendedorismo. 2. Planejamento empresarial. 3. Sucesso
nos negócios. I. Vieira, Emerson Morais. II. Título.

CDD- 658.11

JOSÈ CARLOS DOS SANTOS MACEDO - BIBLIOTECÁRIO -- CRB7 N. 3575

A vida é para ser conduzida e não consertada.

Phillip McGraw

Aos empreendedores do passado, que produziram o legado da experiência, e aos empreendedores do futuro, que irão transformar o mundo.

Agradecimentos

Autor Alessandro

À minha mãe Maria Eunice, pela sua dedicação incansável de orientação, amor e apoio aos filhos.

Ao meu pai José Francisco (*in memoriam*), simplesmente obrigado por tudo!

À excelente esposa, mãe e companheira Juliane, obrigado por me apoiar incondicionalmente em todas as ocasiões. Como é grande o meu amor por você!

À minha filha Fernanda, que talvez não tenha a dimensão de sua importância em minha vida!

Ao meu filho Pedro, que tem me ensinado a desafiar diariamente os meus medos e os meus paradigmas!

Ao meu filho Matheus, que traz no significado do seu nome – dádiva de Deus – o meu sentimento de amor e dedicação!

Aos meus irmãos Evandro – grande empreendedor racional – e Leandro – grande empreendedor de relacionamentos!

A todos os líderes inspiradores e apaixonados pela nobre missão de servir (José Luiz Ricca, Regina Bartolomei, Dr. Uchôa e outros)!

Aos eternos amigos Jamal Azanki e Ricardo!

E aos verdadeiros funcionários do Sebrae-SP que lutam pela nobre bandeira do empreendedorismo!

Autor Emerson

Aos meus pais, José Urbano e Maria José, pelo incentivo em busca do conhecimento!

À minha esposa Adriana, companheira e incentivadora!

Ao meu irmão Gustavo (*in memoriam*), grande amigo e professor!

Aos inúmeros amigos do Sebrae-SP, pela paixão ao empreendedorismo!

Ao grande amigo Mauro Hyppolito (*in memoriam*). Sem ele, nada disto aconteceria!

Aos meus amigos Alessandro e Renato, pela paciência e amizade. Valeu!

Aos meus amigos empreendedores e estudiosos do empreendedorismo, agradeço pelo exemplo!

Prefácio

Nossa ideia de empreendedor é a de uma pessoa exploradora, alguém que parte rumo a novos mares sem saber qual será o ponto de chegada, com coragem e determinação. Mas houve tempos na história em que grande parte da população foi forçada a emigrar em função de privações, como fome e guerra, em vez de se mudar simplesmente para buscar oportunidades em outros lugares. Podemos estar nos aproximando de uma época em que a maioria de nós será forçada a obter o sustento em outros lugares, fora da nossa zona de conforto. Talvez, todos nós precisaremos nos tornar empreendedores.

A tecnologia, em transformação a uma velocidade crescente, está redefinindo o local de trabalho e presenteando potencialmente cada um de nós com um desafio e uma oportunidade.

Muitos jovens empreendedores abriram seus próprios negócios e logo perceberam que não era tão fácil quanto tinham imaginado. A redução da complexidade e do custo para se criar computadores baseados em soluções que evoluíram para o smartphone e a web atraiu muitos empreendedores para o desenvolvimento de produtos apenas para descobrirem que as dificuldades de se conseguir sucesso comercial, atualmente, são mais esquivas do que eles pensavam. Na verdade, a parte mais difícil da área de criação, e o que mata a maioria das startups, é o custo para o consumidor final – especialmente em relação a vender efetivamente o custo de uma inovação.

Este livro oferece mecanismos para que aqueles com foco e vontade possam descobrir por si próprios uma trilha diferente para o sucesso do empreendimento. Comece com a seleção de algum projeto no qual sua sobrevivência esteja em xeque por causa das pressões tecnológicas; pense no ramo de transportes, em específico nos taxistas, e nos impactos causados pelas inovações trazidas pelo Uber. O empreendedor tem a oportunidade de ajudar esses negócios a se transformarem usando a tecnologia como uma ponte para o século XXI. Ele também é encorajado a iniciar seus negócios com a seleção do melhor cliente, um que tenha dinheiro e alguma carência, e isso, por sua vez, culminará na criação de uma ideia que focará o desenvolvimento do negócio na necessidade do cliente.

Abordar o empreendedorismo dessa maneira proporciona ao empreendedor solucionar o preocupante problema de "como vender", desde que foque o cliente e trabalhe em conjunto com ele para definir o produto e a solução.

Boa sorte para atingir o sucesso em seu empreendimento.

Bob Caspe,

Presidente e CEO da International

Entrepreneurship Center (IEC)

Heróis do fracasso

Empreender é uma jornada. É uma viagem de desenvolvimento pessoal e profissional, ampliação de horizontes, descobertas, provações, persistência e superação. Significa se abrir para o novo com todos os riscos e benefícios inerentes a essa condição.

Quando uso a palavra jornada para me referir ao percurso do empreendedor, não o faço como um mero recurso de linguagem, mas, sim, como um conceito, uma filosofia, se podemos assim dizer.

Empreender é, na essência, uma jornada do herói, tal como o pensamento formulado pelo mitólogo americano Joseph Campbell. E ao qual gostaria de associar uma ideia que dialoga com o conceito de Campbell: ser empreendedor é se entregar a uma jornada heroica na qual o fracasso faz parte. Mais que isso: ele é bem-vindo. É necessário. É enriquecedor.

Todas essas questões me vieram à mente ao ler este livro que agora o leitor tem em mãos. *O mapa do seu negócio: como empreender no rumo certo* é um instrumento valioso àqueles que pretendem empreender. Como o título sugere, a obra é um guia para a jornada empreendedora capaz de preparar os futuros empresários para os desafios da criação e do desenvolvimento de novos negócios.

As referências, exemplos, histórias e exercícios apresentados pelos autores servem de modelo para construção de negócios sólidos e eficientes. Por meio de uma linguagem clara e de fácil entendimento, a obra convida o leitor a fazer uma autorreflexão sobre seus objetivos, o que fazer antes de entrar em ação, como chegar ao cliente e a identificar parceiros ao longo do caminho. Além disso, discute também qual é a lógica empreendedora e os desafios diversos com os quais o empreendedor terá de lidar.

E onde a jornada do herói de Campbell entra nessa história? E o fracasso? Para entendermos melhor, comecemos por dizer que o mitólogo americano criou um modelo – baseado no estudo de culturas e mitos de diversas regiões do mundo ao longo da história – para descrever o passo a passo da trajetória de transformação do homem comum em herói, com todas as provações e desafios surgidos pelo caminho.

De modo simplificado, a jornada do herói possui três etapas principais: partida, iniciação e retorno. Cada pessoa recebe, em seu mundo comum, um chamado para uma nova realidade repleta de desafios e eventos. Na etapa seguinte, a da iniciação, ele passará por provações e obstáculos. Deverá ser perseverante. Depois de vencida essa fase, virá a recompensa, o que fará o herói retornar ao seu mundo comum, mas agora como uma pessoa transformada.

Concluída a jornada, ele se apresentará como alguém diferente, melhor, e buscará compartilhar sua experiência com os demais. Nesse processo todo, o fracasso – especialmente na fase da iniciação – é um importante aliado no aperfeiçoamento pessoal, pois significa liberdade para experimentar e testar os próprios limites. E avançar.

Agora, pense comigo: o conceito descrito acima não é exatamente aquele com o qual o empreendedor se depara em sua jornada? Levar adiante um novo negócio é seguir um sonho, que nada mais é que um chamado. A iniciação é tudo aquilo com o que ele terá de lidar para desenvolver sua empresa. Quantos obstáculos não surgem nesse caminho? Quantos desafios não devem ser vencidos para colocar uma empresa de pé, firme e forte? E o retorno é, metaforicamente, a superação de cada etapa marcante na vida da empresa, a volta necessária para dar mais um passo e se colocar novamente na labuta. No fundo, estamos falando da construção de um ciclo empreendedor virtuoso que transforma o modo como nós enxergamos e lidamos com o mundo à nossa volta.

Depois da leitura deste livro, que fornecerá o instrumental necessário para você se tornar um empreendedor, espero que você também reflita sobre a sua jornada do herói. O seu ponto de partida para essa caminhada é agora. Não perca tempo. E não tenha medo de fracassar. O direito ao erro é bom e contribui para sua evolução. O importante é não se furtar a realizar seu sonho, abrindo-se para ideias criativas e originais. Arrisque, experimente, fracasse. Seu sucesso depende disso hoje e sempre.

Romero Rodrigues,
Fundador e principal executivo
do Buscapé Company

Um tema oportuno e relevante

Empreender requer boas doses de ousadia e intuição. A trajetória de grandes empresários é marcada invariavelmente pela determinação em perseguir um objetivo e se orientar por um propósito que, à primeira vista, parece fadado ao fracasso. A resiliência e superação demonstradas por esses homens de negócios encantam as pessoas e acabam por ofuscar um aspecto igualmente importante para o sucesso de um empreendimento: a necessidade de buscar, logo de início, ferramentas e modelos que deem sustentação técnica ao processo de tomada de decisões, de gestão e de definição de estratégias para a empresa.

Por isso, considero oportuna e relevante a publicação de *O mapa do seu negócio: como colocar seu projeto no rumo certo*. Nesta obra, seus autores, Emerson Moraes Vieira e Alessandro Paes dos Reis, montam um guia não apenas de orientação prática para a implantação de um negócio, como levam o leitor a uma saudável (e produtiva) reflexão sobre os passos que dará e os rumos que tomará em cada etapa de sua nova vida.

Para um candidato a empreendedor, essa espécie de GPS profissional tem um valor inestimável. Afirmo isso por minha própria experiência. Há quase trinta anos, decidi seguir o caminho do empreendedorismo e, dessa experiência, tirei lições que, acredito, possam ser úteis a outros jovens que planejam partir para a chamada carreira solo.

Desde o início, segui princípios e valores que herdei, sobretudo, de minha família e que ainda hoje norteiam minha trajetória. Daí, estabeleci como meta criar um negócio baseado em inovação tecnológica e disruptiva, meritocracia e exposição internacional. Além disso, a atividade teria que provocar um impacto positivo para a sociedade. Minha primeira empresa, a Composite, fundada em 1986, desenvolvia e fabricava componentes para o Programa Espacial Brasileiro. Fiquei lá até 1995, quando vendi minha participação para os demais sócios. A trajetória da Composite foi muito estimulante e rica em ensinamentos, embora recheada de imensos desafios e momentos de profunda angústia.

Talvez tenham me faltado método e instrumentos para uma gestão mais eficaz – e isso me causou muitas dores de cabeça. Por isso, reforço que um empreendedor precisa, o mais rápido possível, adotar modelos estruturados que lhe permitam controles efetivos de seu negócio e desenhar os planos para o futuro, como propõe este livro.

Outro ponto crucial que não pode ser subestimado: o que dá sustentabilidade à empresa é sua missão, pois ela expressa os valores e princípios do empreendedor. Nos momentos mais turbulentos ou diante das decisões mais estratégicas, a missão funcionará como um farol que indica o caminho a seguir. Muitas vezes, ela se manifesta de forma intuitiva, e não como fruto de um planejamento estruturado ou de um *business plan*.

Foi assim quando o meu ciclo na Composite se encerrou. Mesmo sem ter definido os passos seguintes, em momento algum, cogitei abandonar o empreendedorismo ou não criar algo baseado em alta tecnologia, em meritocracia e no desenvolvimento profissional. Com essas ideias ainda vagas, embarquei para uma viagem à Europa com o objetivo de prospectar negócios. Voltei de lá com um contrato para fornecer pás para um fabricante alemão de turbinas eólicas.

Assim, em 1995, surgiu a Tecsis, fabricante de pás para turbinas de energia eólica, um produto de alta tecnologia, como eu havia planejado. Voltei ao Brasil, encontrei um local para instalar a fábrica e comecei a produzir. Na primeira visita do cliente alemão ao Brasil, ouvi um elogio do qual jamais me esqueci: "Nunca vi uma pá de tamanha qualidade. E o interior dela é tão esmerado que mais parece um salão de dança." Enfim, a Tecsis se desenvolveu de acordo com as premissas que havia estabelecido: inovação tecnológica e retorno positivo à sociedade. Afinal, não há energia mais limpa e sustentável do que a eólica.

Nesse caminho, também descobri que a inovação dependia de uma intensa exposição à concorrência mais avançada que existisse. Nunca tive receio de enfrentar companhias de alto nível tecnológico e gerencial, pois elas nos obrigavam a ser cada vez melhores e mais inovadores. A Tecsis foi muito bem-sucedida em tal estratégia: em alguns anos, nos tornamos a principal fornecedora global de pás da GE Energy, a maior fabricante de turbinas eólicas do mundo.

Evidente que a trajetória nos primeiros momentos não foi tão fluída e tranquila como esse rápido resumo pode sugerir. Enfrentei diversos percalços, cometi vários erros e protagonizei muitos acertos (estes felizmente maiores do que aqueles). Importante é sistematizar os conhecimentos adquiridos nos bons e maus momentos para estreitar, tanto quanto possível, o espaço para novos equívocos. Esta obra pode ajudar em tal iniciativa.

Mas como não tive essa oportunidade, acabei desenvolvendo meu estilo de liderança no dia a dia, que foi amadurecendo à medida que a empresa crescia em complexidade. Alguns componentes foram constantes ao longo deste percurso, como a meritocracia para citar um exemplo relevante.

Ela não gerará frutos em sua plenitude sem investimentos contundentes no desenvolvimento profissional e no envolvimento do time com o propósito da empresa. Estes são irmãos siameses e constituem ingredientes fundamentais para o sucesso de um empreendimento. Tanto a equipe como o empreendedor devem estar imbuídos desse espírito. Este livro pode ser um instrumento que vai ajudá-lo com isso.

Bento Koike

Engenheiro aeronáutico (ITA), especialista em estruturas aeroespaciais e fundador da Tecsis, companhia líder mundial na fabricação de pás customizadas para turbinas eólicas. Em 2013, recebeu da Endeavor Global o prêmio de empreendedor do ano.

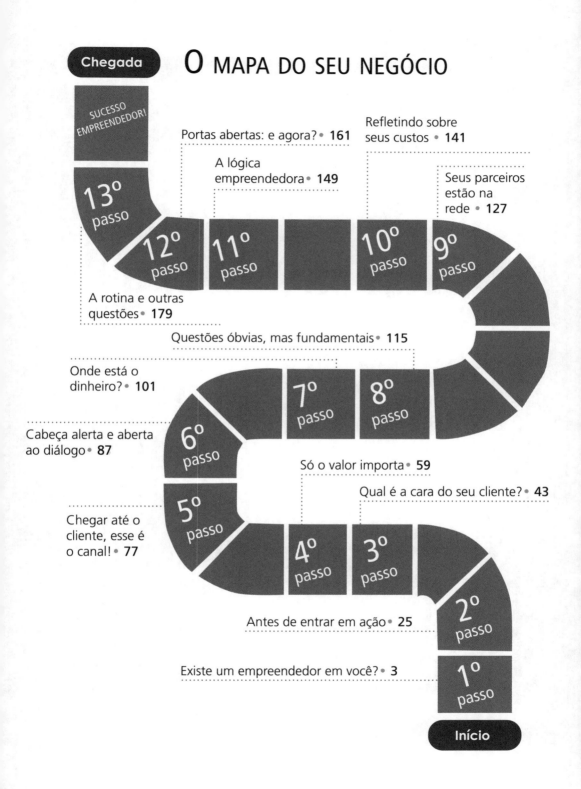

Apresentação

Esse é o guia do mapa do seu negócio

Bem-vindo! A proposta deste livro é oferecer a você, que deseja ser empreendedor, um conjunto de ferramentas, referências, práticas, histórias e exercícios para a construção do seu modelo de negócio. Com linguagem bem descomplicada, mesmo na hora de explicar e exemplificar alguns conceitos mais complexos, nosso objetivo é ajudá-lo a construir o **Mapa do Seu Negócio.**

Em um passo a passo bem prático, ao final da nossa jornada conjunta, você terá em mãos a estratégia completa para abrir sua empresa: ao seguir o Mapa do Seu Negócio, você aumentará a chance de superar os riscos e as incertezas do caminho – especialmente nos primeiros anos da operação – e levar o seu empreendimento ao sucesso. Mais do que isso, na gestão diária da empresa, você será capaz de aplicar continuamente a lógica do raciocínio empreendedor – aquela que mantém a Proposta de Valor do seu negócio em sintonia com as necessidades e expectativas dos clientes e, consequentemente, gera receitas crescentes! Este livro é o guia para que você percorra com mais segurança, criatividade e tranquilidade o Mapa do Seu Negócio. **BOA VIAGEM!**

Capítulo 1
Existe um empreendedor em você?

Olá! Há quanto tempo você anda pensando em ter seu próprio negócio? Olha, se você está com este livro nas mãos, aberto nesta primeira página, é porque a vontade de abrir uma empresa anda rondando a sua cabeça – pelo menos, de vez em quando. Não é verdade? Então, o mais provável é que você tenha visto a capa e pensado: "Será que este livro tem algo de bom para mim?" E a nossa resposta é: tem, sim! Há muita coisa para aprender, pensar, decidir e fazer antes de abrir as portas da sua empresa.

Geralmente, uma das primeiras dúvidas que passa pela cabeça de quem pensa em empreender é esta: "Como descubro se sou realmente um empreendedor e se tenho talento para tocar uma empresa?" Consciente ou inconscientemente, essa questão expressa um de nossos maiores medos: o de fracassar. Por trás dessa pergunta, existem várias outras, que nem sempre chegam à tona: "E se meu negócio não der certo?", "E se eu perder tudo o que tenho?", "E, se isso acontecer, o que a família e os amigos vão pensar de mim?", "E, se eu falhar, como vou fazer para pagar as contas?" E se? E se? E se?

Esse sentimento, porém, não chega a ser um problema e nem tampouco um obstáculo intransponível. Todo mundo sente medo – sem exceção – como afirmou o filósofo francês Jean-Paul Sartre[1]: "Todos os homens têm medo. Quem não tem medo não é normal; isso nada tem a ver com a coragem." Mas é importante que você perceba que o tamanho do medo de fracassar tem também um ingrediente cultural. Para muitos povos, o fracasso é o fim. Já outros valorizam muito o sucesso; em compensação, encaram com mais naturalidade um eventual fracasso. Para eles, o fracasso é parte do processo de chegar ao sucesso. É apenas mais uma etapa, não o fim.

---

[1] Citado por Renato Nunes Bittencourt em "O medo na era da liquidez". Disponível em:<http://filosofiacienciaevida.uol.com.br/ESFI/Edicoes/36/artigo 141617-1.asp>. Acesso em: 16 dez. 2013.

Bom, o fato é que todo mundo sente medo de fracassar. O que faz a diferença é a nossa reação. Há quem prefira juntar toda aquela energia gerada pelo medo e canalizá-la para o enfrentamento: fecha os olhos e segue em frente, batendo em tudo o que encontra. Não consegue nem distinguir o que é obstáculo real do que poderia servir como trampolim, ou até mesmo como rede de proteção. Mas existe também quem use o próprio medo para consolidar a convicção de que é melhor ficar onde está, e não seguir adiante com a ideia de empreender.

Por exemplo, a pessoa passa anos acalentando o desejo de um dia ter o próprio negócio e, com esse objetivo em mente, consegue ao longo de duas décadas juntar uma quantia bastante razoável, digamos, cerca de R$ 1 milhão. É o suficiente para o aporte inicial na empresa, mas na hora de tomar a decisão, a pessoa pondera os próprios medos e acaba fazendo uma conta simples: aplicado em um fundo de investimento conservador, R$ 1 milhão rende 0,5% a.m., isto é, R$ 5 mil mensais. Feito o cálculo, surge uma nova pergunta: "Por que investir em um negócio próprio, se esses R$ 5 mil por mês podem ser um bom complemento da minha aposentadoria futuramente?"

Aplicando esse critério ao seu caso específico: com qual das duas reações frente ao medo você mais se identifica? Quando pensa em empreender, que tipo de receio você sente? O medo que se transforma em ímpeto cego ou o medo paralisante? Não existem respostas certas para essas perguntas. Cada pessoa tem de se autoconhecer, tem de se autoavaliar e fazer as escolhas que estejam em melhor sintonia com os próprios sentimentos. No entanto, o que podemos afirmar a partir de nosso conhecimento teórico e prático em relação ao empreendedorismo é que nenhum desses dois exemplos reflete uma atitude com as melhores probabilidades de sucesso na administração de um negócio.

Vamos analisar juntos: 1) a pessoa que diante do medo reage com ímpeto cego, caso decida empreender, é pouco provável – não impossível – que atinja seus objetivos. Pelo menos, não sem antes bater muito a cabeça. Gente com esse perfil costuma se lançar em aventuras de olhos bem fechados, aposta alto e perde. É realmente um amante do risco, gosta de sentir o frio na barriga e a adrenalina, mas perde a lucidez necessária para administrar um empreendimento; e 2) quem reage ao medo com a paralisia, por sua vez, tem pouquíssimas chances de efetivamente se tornar empreendedor, ou, no máximo, chegará a abrir um pequeno negócio com menos chances de sobrevivência e longevidade. É que o medo paralisante faz a gente perder muitas oportunidades. Enquanto a pessoa avalia a situação e quer analisar todas as possíveis variáveis antes de agir, lá se vai mais uma chance de fazer um bom negócio.

Esses são, portanto, dois perfis extremos e, como tal, a pessoa que pretende ser bem-sucedida ao empreender deve evitá-los. Caso você se identifique fortemente com um desses tipos de comportamento, antes de se colocar em ação com um negócio próprio, é recomendável buscar uma atitude que oscile entre eles, evitando ao máximo fixar-se em uma das duas pontas. Mas como chegar a uma reação mais equilibrada diante do medo de empreender e aumentar sua probabilidade de sucesso?

Em primeiro lugar, conhecendo-se melhor. Empreender é uma atitude que envolve inevitavelmente um determinado grau de risco. Todo negócio é criado e administrado em um contexto repleto de variáveis econômico-financeiras, sociais, ambientais, jurídicas, concorrenciais. Em todo e qualquer tipo de empreendimento, risco e incerteza estão presentes – o que varia é apenas o grau. Portanto, consideramos que, entre todas as qualidades que caracterizam o perfil de um empreendedor, o eixo central é a capacidade de conviver e enfrentar continuamente situações arriscadas, e tomar decisões sem a certeza de qual será o resultado futuro.

O que é risco e o que é incerteza?

Para não nos alongarmos demais na discussão em torno de risco e incerteza, adotamos neste livro as definições clássicas do economista Frank Knight (1885-1972), em seu livro *Risco, incerteza e lucro*.

O risco é mensurável: aplicando um modelo matemático, é possível prever que uma determinada ação presente terá X% de probabilidade de apresentar futuramente o resultado Y.

A incerteza não é mensurável: não há informações suficientes para gerar um modelo matemático capaz de prever se determinada ação presente terá como resultado futuro Y, Z ou W.

Escala de afeição a risco em empreendedores

A psicologia, a economia e, especialmente, o setor financeiro costumam usar o conceito de aversão a risco. Por exemplo: a pessoa vai fazer um investimento e sempre opta por uma aplicação mais conservadora que, sabidamente, vai lhe render menos, porém, apresenta um risco bem menor de perda. Esse é o perfil de um investidor com alta aversão a risco. Há também quem prefira investir em uma carteira de ações e consiga acompanhar a Bolsa de Valores em momentos de alta volatilidade sem se abalar: não vende os papéis porque está convicto de que lhe trarão um excelente retorno no longo prazo. Esse investidor tem um perfil com menos aversão ao risco.

Essa ideia também se aplica perfeitamente à análise do perfil de empreendedores: quando toma a decisão de abrir o próprio negócio, ele estará, necessariamente, exposto a algum grau de risco e incerteza. O que varia é apenas o grau de exposição. Por isso, em vez de falar em AVERSÃO A RISCO, preferimos tratar neste livro sobre empreendedorismo de

AFEIÇÃO A RISCO – ou seja, já que o risco é inevitável no empreendedorismo, então, pelo menos, que olhemos para ele a partir de uma perspectiva mais positiva.

De acordo com nossa experiência nessa área, quem tem uma afeição exagerada a risco, acaba se tornando um aventureiro. Foi o que aconteceu com Rômulo: ele tomou um empréstimo bancário no crédito pessoal – sem nem buscar acesso a linhas especiais para empreendedores, ou seja, com taxas mais baixas de juros – e começou a construir uma academia de ginástica em um terreno herdado do pai. Pôs mãos à obra, sem o devido planejamento prévio, sem pesquisa de mercado e sem nem dimensionar corretamente os custos iniciais. O fato é que, quando o capital emprestado terminou, a futura academia de ginástica era apenas um galpão inacabado cheio de caixas com os equipamentos já comprados. Só aí ele foi procurar a ajuda de consultores e especialistas. Resultado: entendeu que não tinha mais pernas para seguir com o projeto. Teve que vender tudo por quase nada; só para quitar o empréstimo e se livrar dos problemas. Essa história da academia de ginástica doeu fundo em Rômulo e ele desistiu não só desse projeto; desistiu para sempre de se tornar empreendedor. Mas não devia ter desistido. Rômulo tinha mais é que aprender com os erros e voltar à ação, colocando em prática o aprendizado com aquele erro inicial.

> **@tuitando:** Lembre-se: se errar, que seja em algo novo.

Outro tipo de pessoa, porém, faz a opção de tentar reduzir ao máximo as incertezas: a pessoa gosta de batalhar, é realizadora, tem atitude e planeja muito bem sua vida e carreira, mas prefere se manter no mercado vendendo a própria força de trabalho para outros empresários. Que mal tem, se não faz mal a ninguém? E ainda oferece ao profissional a sensação de contar com uma situação mais segura e estável. Não se pode deixar de registrar que, no mercado de trabalho do século XXI, o emprego formal está cada vez mais sujeito a variáveis globais. Quem tem emprego em multinacionais, atualmente, deve estar consciente de que não é capaz de controlar, por exemplo, as decisões que os acionistas tomam do outro lado do mundo. E, já que é assim, quem gosta mesmo de viver com o mínimo de incerteza deve contar sempre com um Plano B – que pode ser ter o próprio negócio, por que não?

Com um perfil empreendedor bem mais arrojado, existem aquelas pessoas que costumamos chamar de **Alpinista**. Sendo adepto de um esporte radical, ele gosta do risco, do frio na barriga, mas tem plena consciência de que qualquer falha técnica ou operacional pode lhe custar a vida. Então, o Alpinista se prepara muito bem antes de assumir a empreitada de escalar uma montanha. Treina, planeja, estuda, busca mais informações, conversa e convive com pessoas mais experientes; nunca está sozinho. Na verdade, nesse perfil está expresso o melhor sentido da Afeição a Risco: preparação e planejamento prévios para mitigar riscos e uma satisfação enorme ao atingir o topo. Exatamente como resume Manoel Morgado, médico e montanhista, que já chegou ao cume das mais altas montanhas do mundo. Segundo ele, se você estiver aparelhado com "conhecimentos sólidos", boas ferramentas e bom senso, estará capacitado para alcançar, paulatinamente, as metas mais difíceis.[2]

Marcelo, o Alpinista: ousadia planejada

Logo que entrou para a faculdade de Fisioterapia, Marcelo começou a pensar em ter seu negócio: sua própria clínica com diferenciais de atendimento para conquistar a fidelidade dos clientes. Quais diferenciais? Naquela época, ele ainda não sabia, mas estava disposto a usar os quatro anos de faculdade para atingir seus objetivos: 1) conquistar o diploma; 2) juntar o capital inicial; e 3) entender melhor os desejos e as necessidades de seus clientes. Mas quem seriam seus clientes? Ele também não sabia ainda. Mesmo assim, vendeu o carro que ganhou dos pais quando entrou na faculdade e aplicou o dinheiro. Além disso, já no primeiro ano, começou a trabalhar na área para ir sentindo o mercado e conhecendo melhor o perfil dos clientes. Nesse meio tempo, conheceu Priscila, uma garota ambiciosa e também cheia de ideias, que já trabalhava como

---

[2] Manoel Morgado foi o oitavo brasileiro a atingir o topo do Everest (8 850 metros de altitude) em 2010. Ele relata esse e outros desafios no livro *Sonhos verticais*.

esteticista. Quando se encontravam, nem parecia que estavam namorando. Eram dois visionários falando de novidades e oportunidades nos mercados de fisioterapia e estética até que entenderam que podiam ser sócios em um espaço único: afinal, quem busca um fisioterapeuta para prevenção ou tratamento, em geral, também se interessa por cuidados estéticos mais especializados. E vice--versa. "Será mesmo?", eles se perguntaram. Depois dessa sacada, cada um em seu trabalho passou a fazer uma pesquisa informal com os clientes: "Se aqui na clínica também houvesse um tratamento especializado de... (fisioterapia ou estética, depende se a pergunta era feita por Marcelo ou por Priscila) o(a) senhor(a) acha que usaria o serviço? Por quê?" A maioria das respostas foi positiva. Esse era o diferencial inovador que os clientes queriam: uma clínica dois em um, capaz de oferecer saúde e beleza no mesmo lugar. Da tal pesquisa informal, surgiu outra resposta: o público-alvo da clínica seria gente já mais madura, talvez até aposentados. Por quê? Marcelo e Priscila observaram que os clientes mais experientes pareciam escolher serviços pela diferenciação e, além disso, costumavam já estar com a renda mensal assegurada e tinham mais tempo para cuidar da qualidade de vida. Quando Marcelo chegou ao fim da faculdade, os dois tinham conseguido juntar o capital inicial, que consideravam suficiente para abrir a clínica, mas, ao mesmo tempo, queriam casar. Bem pragmática, Priscila teve uma ideia: "E o dinheiro que nossos pais investiriam na festa e que a gente gastaria na lua de mel, vamos somar ao nosso capital, o que você acha?" Marcelo concordou na hora, e os dois definiram que a clínica seria aberta em uma cidade perto de São Paulo, que concentrasse população idosa e de boa renda. Estudaram juntos essa equação. Com base em dados do Banco Central e do IBGE, chegaram à conclusão de que o ideal era Santos: a cidade tem cerca de 500 mil habitantes com bom nível de renda e poupança e, ademais, é um dos municípios brasileiros com a maior parcela de pessoas acima dos 60 anos. Hoje em dia, dois anos depois, o casal vai indo muito bem. A clínica já está com quinze funcionários e, bem instalada, vai gerando receita dentro das metas previstas. O investimento termina de se pagar em mais 24 meses. Até lá, Marcelo e Priscila seguem avaliando a ideia de agregar uma nutricionista aos serviços da clínica. Mas querem que essa profissional entre com capital próprio para bancar a expansão do negócio. Por enquanto, o único sonho que o casal adiou foi o de ter filhos.

> **@tuitando:** Por que você acha que a ideia de Marcelo está dando certo? Que boas práticas vê nessa história?

Na outra ponta do perfil empreendedor está o **Maratonista**. Ele é realmente uma pessoa com os pés firmes no chão: planeja com visão de longo prazo, poupa os recursos disponíveis objetivando as metas, prefere atuar em setores bem estabelecidos e com muita informação disponível. Busca capacitação, avalia previamente até que a decisão esteja tomada: aí, com a cara e a coragem, ele dá a largada e segue em frente sem olhar para trás. O Maratonista, literalmente, vai longe e com a maior segurança possível. Se abrir o próprio negócio amanhã, você pode estar certo de que ele já tem formada a visão de futuro. É como disse o brasileiro Paulo Roberto de Almeida Paula depois de ter conquistado o índice olímpico na Maratona de Amsterdã[3]: "Atleta de verdade não pode se acomodar. Estou trabalhando muito desde Amsterdã para baixar minha marca, porque sei que tenho condição de correr melhor do que fiz lá[4]."

Rubem, o Maratonista: arrimo de família

Desde adolescente, Rubem era arrimo de família e, quando fez 18 anos, prestou concurso público para trabalhar em um banco estatal. Lá fez carreira até chegar a diretor e se aposentar com apenas 55 anos. Ao longo desse tempo todo, conseguiu oferecer uma vida confortável para a mãe. Fez os irmãos estudarem, encaminhou todo mundo, casou e teve um casal de filhos, que já estava quase se formando. Só que Rubem sentia-se muito jovem para estar fora do mercado de trabalho; queria voltar a realizar algo, estar no comando de novo. No fundo, achava que estava jogando fora tudo o que tinha aprendido ao longo da carreira: "Por que não investir esse aprendizado todo em mim mesmo?" Com a tranquilidade de continuar a contar com uma boa receita mensal vinda da aposentadoria, foi reacendendo nele o desejo de abrir um negócio próprio. Como sempre se considerou um mineiro cauteloso e com visão de longo prazo, durante a carreira no banco juntou uma boa poupança. Com mais tempo disponível, voltou a caminhar pela manhã e, enquanto isso, pensava: "Que tipo de negócio eu gostaria de ter?"; "O que as pessoas estão querendo hoje?" Foram dias de muita caminhada e muita

---

[3] O maratonista brasileiro Paulo Roberto de Almeida Paula conquistou o índice olímpico para participar das Olimpíadas de Londres em 2012, quando completou os 42,2 quilômetros da Maratona de Amsterdã (Holanda) em 2:13:15 no dia 16/10/2011.

[4] Disponível em: <http://www.webrun.com.br/h/noticias/maratonistas-brasileiros-falam-sobre-briga-pelas-vagas-olimpicas/13339>. Acesso em: 25 mar. 2014.

reflexão. E ele passou a se fazer uma pergunta mais complexa: "O que as pessoas querem muito e eu gostaria muito de fazer sem correr riscos muito altos?" Com calma e sem falar nada para ninguém, Rubem marcou almoços com consultores conhecidos, amigos empresários e executivos, que tinham sido seus clientes no banco. Quando voltava para casa, provocado pelas novas informações, navegava horas e horas na internet à procura de mais e mais dados. Devagar, foi formatando suas respostas. Uma das coisas mais desejadas hoje em dia é saúde, certo? Certo. Mas ele não era médico, nem paramédico e nem conhecia o mercado e a administração de negócios nessa área. Era muito distante da experiência e da realidade dele. Mas saúde não quer dizer medicina. Saúde a gente mantém, antes de tudo, com exercícios físicos e boa alimentação. Ok, comida saudável atende à necessidade de um segmento de clientes bem amplo e diversificado. Esse raciocínio ficou rondando sua cabeça até que, um dia, depois de uma das caminhadas, quis tomar um suco e se deu conta que, no parque, havia uma lanchonete natural. No cardápio, só sucos e sanduíches saudáveis. Experimentou, gostou, conversou com o gerente e pediu para conhecer o proprietário. Quando entrou em contato, ficou sabendo que se tratava de uma franquia e resolveu sua charada: investir em uma franquia daquela rede de refeições saudáveis. Como ponto, escolheu colocar seu negócio dentro de uma das mais conhecidas e charmosas academias de ginástica de Belo Horizonte. Estudou o setor de alimentação saudável, avaliou profundamente as condições oferecidas pelo franqueador e tomou todas as precauções possíveis para mitigar riscos e minimizar incertezas. Por fim, tomou a decisão e investiu uma boa parte da "fortuna" construída em uma vida – sem hesitar! Agora Rubem anda bem satisfeito, trabalhando diariamente no que gosta: pelos seus cálculos, em cinco anos, o investimento estará pago e a rentabilidade seguirá modesta, mas firme e forte, suficiente para levar o negócio adiante por muitos e muitos quilômetros. No fundo, ele já anda pensando até em abrir mais um ponto em outra academia de ginástica.

Portanto, se você realmente está disposto a se tornar um empreendedor, vai ter que conhecer previamente como lida com o risco e a incerteza. Em outras palavras: qual é o tamanho do seu sangue frio? A Figura 1.1 apresenta nossa Escala de Afeição a Risco em Empreendedores; é importante destacar que entre o comportamento do Alpinista e do Maratonista estão as maiores probabilidades de que a abertura de um novo negócio seja bem-sucedida. Mas isso não significa que existam chances maiores de sucesso para esse ou aquele perfil.

Afinal, a "mensuração" do que é fazer sucesso também é um fator extremamente subjetivo. Em sua opinião, quem é o mais bem-sucedido, Marcelo, o Alpinista, ou Rubem, o Maratonista? A resposta mais adequada aqui é: "Os dois". Cada um a seu modo, conhecendo e respeitando o próprio perfil e em sintonia com o que gosta de fazer, está chegando aos objetivos desejados. Portanto, sucesso é uma medida pessoal e intransferível. Quando você for empreendedor, não esqueça: seu sucesso é feito sob medida para você; não para sua família, amigos ou vizinhos.

> **@tuitando:**
> O que é sucesso para você? Quer ser mais Marcelo ou mais Rubem? Mais Alpinista ou mais Maratonista?

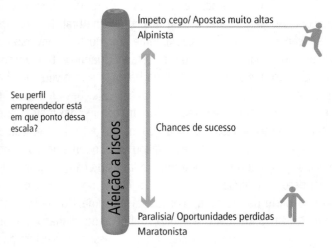

Figura 1.1 – Escala de Afeição a Risco em Empreendedores

Ao ler essas histórias e ao olhar para essa Escala de Afeição a Risco, ainda é bem provável que você não consiga determinar com clareza e objetividade em que ponto está com exatidão. Por isso, para ajudar você a se conhecer um pouco melhor sob esse aspecto, desenvolvemos a ferramenta a seguir; na verdade, um exercício de autoconhecimento. Responda o teste com a máxima sinceridade e, ao final, você terá uma noção mais clara de seu GRAU DE AFEIÇÃO A RISCO.

EXERCÍCIO DE AUTOCONHECIMENTO
Teste de afeição a risco

1. Um *headhunter* faz contato para marcar uma reunião. Ele tem uma posição em uma empresa que pode lhe interessar:

a. ( ) Fico com um frio na barriga, que acaba me paralisando, e ligo logo depois para desmarcar.

b. ( ) Fico com um frio na barriga, pensando nos prós e contras, mas acabo aproveitando a oportunidade, embora possa demorar para tomar a decisão.

c. ( ) Fico com um pouco de receio, mas estava esperando por isso. É pegar ou largar.

d. ( ) Eu adoro oportunidades! Se der errado, pelo menos tentei!

2. Quando conto uma ideia para meus parentes e amigos, alguns sempre dizem que o risco não vale a pena, colocando uma série de obstáculos que podem levar ao insucesso. Ao ouvir isto, penso:

a. ( ) Não estou nem aí para a opinião deles. Entro de cabeça!

b. ( ) Pondero sobre os pontos de vista, separando as opiniões sensatas dos "medos" pessoais. Então, isto serve como um apoio importante na tomada da minha decisão.

c. ( ) Tento não me envolver nas opiniões alheias. Vou conversar com pessoas que já passaram por experiências parecidas. Elas me servirão de inspiração!

d. ( ) Fico atordoado, vendo monstros em cada esquina. Toda opinião dada, eu paro e fico analisando. É muito difícil dar um passo sem ouvir todas as pessoas em quem confio.

3. Quando tenho uma ideia empreendedora:

a. ( ) Fico sonhando, imaginando quanto seria legal. Depois acordo e volto para minha realidade. É só um sonho!

b. ( ) Imagino um projeto. Começo a verificar os prós e contras. Pode ser interessante. Vou fazer um Plano de Negócio.

c. ( ) Imagino um projeto. Começo a verificar os prós e contras. Pode ser interessante. Inicio um Plano de Negócio. E, se for bom, já começo a separar meu capital.

d. ( ) Amanhã já vou procurar um local para alugar e iniciar a atividade. Desta vez vou conseguir!

4. Vamos supor que você tenha uns R$ 300 mil guardados. O que você pensa?

a. ( ) Não posso perder este dinheiro. É para minha aposentadoria. Vou comprar um imóvel para alugar ou guardar na poupança.

b. ( ) É um dinheiro muito suado. Ele tem que render mais. Montar um pequeno negócio, que me dê uma boa renda por mês, pode ser uma alternativa interessante.

c. ( ) Seria excelente investir naquele negócio que dá 100% de rentabilidade em 06 meses!

d. ( ) Investir num bom negócio seria interessante. O mercado vem apresentando diversas oportunidades. Acho o momento excelente para investir.

5. Eu gostaria de ser:

a. ( ) Dono de uma rede de empresas.

b. ( ) Um funcionário bem remunerado, numa empresa estável e segura.

c. ( ) Dono de uma franquia. Terei meu negócio, mas não preciso me arriscar tanto.

d. ( ) Ser um *expert* em Bolsa de Valores. Adoro arriscar!

6. Estou diante de um problema de difícil solução:

a. ( ) Não gosto de problemas. É só dar as costas para ele, dizer "tchau", que ele desaparece.

b. ( ) Fico com medo de enfrentá-lo. Me paralisa. Socorro!

c. ( ) Analiso todos os pontos. Preciso avaliar a situação antes de tomar uma medida.

d. ( ) Problemas existem para serem resolvidos. Tenho que enfrentar. Analiso e vejo as melhores oportunidades.

7. Tenho uma empresa e... quebrei!

a. ( ) Aprendi com os erros. Vou me preparar melhor para a próxima.

b. ( ) Levanto, sacudo a poeira e dou a volta por cima!

c. ( ) Bem que minha mãe me avisou! Nunca mais vou fazer besteira!

d. ( ) Tento juntar os cacos, analisar e partir para a próxima. Fica mais fácil recomeçar quando se reconhece o erro!

8. Estou no meio de um projeto e surge outra oportunidade, que me parece melhor:

a. ( ) Analiso se vale a pena deixar o atual e iniciar uma nova empreitada. Para mim é muito importante finalizar o que comecei.

b. ( ) Analiso se vale a pena deixar o atual e iniciar uma nova empreitada. Se a oportunidade me parecer mais viável, por quê não?

c. ( ) Já foi difícil começar este. Nem pensar. Chega de confusão!

d. ( ) Adoro novidades! O outro já tinha me cansado!

9. Quando penso em viajar:

a. ( ) Preparo um orçamento, faço o roteiro completo, programo cada dia. Sou muito organizado e planejado.

b. ( ) Já preparo as malas e caio na estrada. Nem analiso se tenho dinheiro, para que servem os amigos? E o gostoso é descobrir o que pode acontecer...

c. ( ) Preparo meu orçamento e faço um roteiro de viagem. Mas levo um dinheiro extra. Pode ser que surja uma oportunidade legal para conhecer. Então, é só dar uma desviada do roteiro original.

d. ( ) E se me roubarem na viagem? E se o avião cair? E se ficar doente? Não! Acho melhor ficar em casa.

Faça um "x"na letra correspondente à sua resposta para cada uma das perguntas. Depois some o resultado de cada coluna correspondente a um dos quatro perfis de Afeição a Risco.Veja qual foi o tipo de resposta mais frequente para você. Faça uma reflexão!

	Paralisado	Maratonista	Alpinista	Ímpeto Cego
Pergunta 1	A	B	C	D
Pergunta 2	D	B	C	A
Pergunta 3	A	B	C	D
Pergunta 4	A	B	D	C
Pergunta 5	B	C	A	D
Pergunta 6	B	C	D	A
Pergunta 7	C	D	A	B
Pergunta 8	C	A	B	D
Pergunta 9	D	A	C	B
TOTAL				

Paralisado: Atenção! Você valoriza demais a sensação de segurança. Caso pretenda empreender, para aumentar as chances de sucesso, aprenda antes a lidar melhor com riscos e incertezas. Busque desenvolver um comportamento mais próximo do Maratonista.

Maratonista: Ok, você aprecia estar seguro do que faz e, antes de agir, tende a se planejar bastante para tentar evitar grandes riscos e incertezas. Busque um projeto empreendedor em sintonia com seu perfil: algo em um setor já bastante conhecido e consolidado. É bem provável que o lucro venha na proporção do seu fôlego!

Alpinista: Você é arrojado e gosta de sentir que está enfrentando desafios ousados. Como prefere estar em situações mais sujeitas a riscos e incertezas, valoriza bastante a preparação de cada ação, indo da visão panorâmica aos detalhes. Procure projetos empreendedores com ênfase na inovação. Pode ser que não dê certo na primeira tentativa, mas, com certeza, você não vai desistir.

Ímpeto Cego: Cuidado! Sua tendência é ignorar completamente riscos e incertezas e se colocar em ação! É muito pouco provável que, sem qualquer preparação, você consiga atingir seus objetivos. Antes de se lançar em um projeto empreendedor, tente desenvolver um comportamento menos impetuoso, aproximando-se mais do perfil de Alpinista.

Vale repetir. Caso você tenha chegado à conclusão, nesse exercício de autoconhecimento, que realmente seu perfil é o do Ímpeto Cego, que aposta alto demais sem pesar as consequências, ou que só se sente seguro vendendo sua força de trabalho no mercado corporativo, nosso alerta é o seguinte: pessoas com um desses dois perfis, quando conseguem fazer um negócio dar certo, podem ser consideradas um ponto exótico da curva. Ou seja, existem casos assim, mas são uma exceção!

Porém, se você estiver em qualquer outro ponto da escala, desde que oscile entre os perfis de **<u>Alpinista</u>** e **<u>Maratonista</u>**, existem sangue frio, coragem e determinação suficientes para que seja capaz de enfrentar – e vencer – as situações incertas que vivenciará ao tomar a decisão de empreender. Claro, você vai ter que adequar o perfil do empreendimento ao seu grau de Afeição a Risco, e sempre é possível continuar a se aprimorar. Mas não é justamente por esse motivo que você está lendo esse livro? Então, vamos em frente.

Empreendedor sofre *bullying*?

É muito comum que, ao tomar a decisão de empreender, a pessoa enfrente resistências da família, medos dos amigos e até um pouco de *bullying*. É, sim, *bullying*. Em casa, a esposa está angustiada, com medo de perder a segurança; os pais dela, sempre que encontram você nos almoços de domingo, preparam um discurso sobre a importância da estabilidade; seus pais nem sempre ficam do seu lado; e, para piorar, quando vai ao futebol com os amigos tem aquele que resolve brincar: "Pessoal, vocês já sabem? Agora o Fulano decidiu ser 'o cara'! Vai ficar milionário com seu negócio próprio. Quando ficar rico, nem vai se lembrar dos amigos, não é?" Risada geral. É preciso encarar essas situações de resistência e *bullying* com a máxima serenidade. E sereno você só vai se sentir se contar com uma visão ampla e bem estruturada do ambiente empresarial em que pretende entrar. Para isso, leia muito, converse muito, mantenha-se sempre em busca de mais conhecimento em sites na internet, revistas especializadas, livros e, claro, ouça com respeito e atenção os empreendedores mais experientes – e ignore os palpiteiros!

Onde estão as oportunidades?

Embora consideremos o grau de Afeição a Risco o eixo central do perfil empreendedor, existem outras características comportamentais importantes, que certamente não podem ser ignoradas: busca por informações, qualidade, persuasão, planejamento, monitoramento contínuo, rede de contatos e capacidade de diagnosticar oportunidades em cenários favoráveis ou adversos, entre tantas outras. Ao longo dos capítulos deste livro, iremos abordar gradativamente as principais, mas agora chegou o momento de ampliar a visão do cenário para conseguir distinguir no horizonte quais são as melhores oportunidades para você.

Quem pretende empreender, tem que se concentrar no autoconhecimento e, ao mesmo tempo, desenvolver a habilidade

> **@tuitando:**
> Há vantagem em oportunidades num setor emergente se você quer menos incertezas em mercados mais conhecidos?

de avaliar de modo realista o ambiente de negócios, porque é de lá que virá grande parte dos riscos e incertezas que desafiarão constantemente o seu empreendimento. Hoje em dia, muita gente acha até clichê citar Sun Tzu, quando se trata de estratégias e táticas empresariais. Mas a gente precisa aprender a respeitar, ouvir e entender quem nasceu em 544 a.C. e deixou como legado para nós a principal estratégia para chegar à vitória: "Se você conhece o inimigo e conhece a si mesmo, não precisa temer o resultado de cem batalhas. Se você se conhece, mas não conhece o inimigo, para cada vitória ganha, sofrerá também uma derrota. Se você não conhece nem o inimigo nem a si mesmo, perderá todas as batalhas" (TZU, 2000, p. 28).

Ao fazer esse teste e exercitar um pouco o autoconhecimento, você acaba de tomar consciência que existe realmente um empreendedor em potencial dentro de você, que está inquieto com o desejo ainda secreto de ser "dono do próprio nariz". Então, a partir dessa perspectiva, quando olha ao seu redor, o que você vê? Enxerga um momento favorável no Brasil e no mundo? Ou teme que a crise econômica sistêmica na Europa e nos Estados Unidos, desde 2008, prenuncie mais adversidade para os novos negócios? Considera a revolução tecnológica, ocorrida na virada do século XX para o XXI, um *tsunami* que colocou o mundo de pernas para o ar ou identifica novas oportunidades no horizonte? Quando imagina o cenário tecnológico do futuro, o que antevê? As perguntas são inquietantes e as respostas, complexas.

Olhar ao redor e buscar informações para formar opinião e critério próprios é uma atitude fundamental. O fato, porém, é que todo o conhecimento de que você precisa sobre si mesmo e sobre o mundo à sua volta jamais caberá em um único livro. O processo de autoconhecimento e de aprendizado do cenário negocial é contínuo – livros, relatórios setoriais, inovações, atualizações e conversas, muitos diálogos formais e informais com consultores e outros empreendedores. O máximo que conseguimos fazer para ajudar você é oferecer algumas linhas gerais do panorama para estimular sua própria reflexão. Depois, como um bom atleta – seja Maratonista ou Alpinista –, o empreendedor não para nunca!

Nós, por exemplo, consideramos fazer parte de uma geração privilegiada: cinco revoluções ocorrem simultaneamente, trazendo um mundo em constante transformação e repleto de oportunidades. A revolução da Tecnologia da Informação e das Comunicações já está mais consolidada, mas os novos recursos somam-se aos avanços mais recentes nas áreas de Biotecnologia, Nanotecnologia e às novas atividades ligadas à economia verde, formando um ambiente cada vez mais propício aos novos empreendimentos.

É que as chamadas revoluções tecnológicas promovem fenômenos socioculturais, alterando o comportamento dos indivíduos e dos grupos. Além das questões relacionadas ao consumo sustentável, como a reciclagem de materiais e a preferência por produtos e serviços ecologicamente corretos, que já se tornaram mais evidentes, há ainda dois fatores ligados à faixa etária. A população envelhece com mais saúde e mais renda: no Brasil, em apenas duas décadas e meia, a expectativa de vida saltou de 67 anos para 71,7 anos. Em 2012, a população com mais de 60 anos já passava dos 18 milhões de pessoas. Simultaneamente, existem cerca de 40 milhões de brasileirinhos, com idade entre 0 e 14 anos, mas que já têm poder de influência sobre as compras de suas famílias – um orçamento estimado em R$ 90 bilhões por ano.

Ainda no contexto brasileiro, o surgimento da chamada nova classe média incrementa as vendas de produtos e serviços relacionados à cultura, entretenimento e bem-estar físico e mental. Para se ter uma ideia, os brasileiros formam o quarto mercado consumidor de produtos de beleza. E não são mais apenas as mulheres que estão nesse segmento de consumo; os homens continuam entrando com força e já respondem por

@tuitando:
Mais sobre economia verde em:

uma fatia significativa. Além disso, passada mais de uma década da explosão do *e-commerce*, os empreendedores do varejo começam a entender que o comércio presencial não é, na verdade, concorrente do eletrônico: os dois são complementares ou o presencial pode até suplantar a agilidade e objetividade das compras pela internet, oferecendo nas lojas físicas experimentações lúdicas de consumo, impossíveis (ainda) para o *e-commerce*.

Já existem estudos comprovando que os atuais empreendedores brasileiros têm um grau mais elevado de escolaridade, e está diminuindo a quantidade de pessoas que abre seu próprio negócio por falta de alternativa de ocupação e renda. Além disso, em média, eles investem mais tempo em levantamento de informações de mercado e atividades de planejamento e se capacitam mais, tornando-se mais hábeis na gestão básica do empreendimento. Se, por um lado, isso é bastante positivo, por outro, aumenta a competitividade no mercado: saiba que você está se preparando para ser empreendedor e disputar espaço, enfrentando pessoas cada vez mais dispostas a seguir em frente, conquistar clientes e assegurar a sustentabilidade de seus próprios negócios.

É nesse universo de riscos, incertezas, revoluções e oportunidades que você vai entrar, quando decidir se tornar um empreendedor. Como você se sente quando pensa nisso? Qual é o sentimento que predomina: o desejo de encontrar ideias inovadoras ou a vontade de ficar no porto seguro? Exercitando o autoconhecimento com as ferramentas que oferecemos, só você mesmo pode responder à pergunta que abre esse capítulo: existe um empreendedor dentro de você?

Dicas

• Busque sempre o autoconhecimento. Nessa etapa, antes de tomar a decisão de empreender, avalie como você lida com diferentes graus de risco e incerteza. Faça com sinceridade o teste proposto no capítulo e siga em frente, buscando conhecer a essência de seu perfil empreendedor.

• Leia a biografia de empreendedores para entender como eles reagiram aos riscos e incertezas enfrentados para conseguir fazer um negócio bem-sucedido. Depois de ler várias biografias, escolha um empresário com quem você mais se identifica. Nos momentos de maior pressão, pergunte-se: "Como fulano reagiria se estivesse no meu lugar agora?"

• Converse, troque ideias com quem já empreendeu. Não tenha pudor em falar sobre seus temores. Pergunte, mostre interesse, demonstre vontade de aprender.

• Não dê ouvidos a quem sente o medo paralisante e muito menos àqueles que preferem dar risada do que é sério — e submetem você a uma situação de *bullying*.

• Planeje, planeje, planeje — sem se esquecer de conjugar os outros verbos fundamentais do empreendedor: estudar, aprender, perguntar, refletir, analisar, conversar, reavaliar, decidir e agir.

❝ O tiro no pé é...

...acreditar que o sucesso é apenas sorte."

CAPÍTULO 2
Antes de entrar em ação

Ao entrar neste segundo capítulo, você já tem em mãos algumas respostas: 1) sabe avaliar a potência do seu espírito empreendedor; 2) é capaz de medir o próprio grau de tolerância a riscos e incertezas; 3) entendeu que, para aumentar as chances de sucesso, toda iniciativa deve estar em sintonia com seu perfil; e que 4) o processo de autoconhecimento e análise do cenário é contínuo e fundamental para a inovação e a reinvenção do negócio. Mas será que isso é o suficiente para partir para a ação, colocar mãos à obra e começar a erguer sua empresa? Você se sente pronto para sair em busca de financiamento, parceiros, sócios, fornecedores, ponto comercial, funcionários e todos os demais recursos necessários para um empreendimento? Já sente aquela convicção de que sua ideia de negócio é realmente uma oportunidade? Acredita que os clientes estão lá, ávidos, esperando por seu produto ou serviço?

@tuitando:
O escritor José Saramago dizia: "Não tenha pressa, mas não perca tempo".

A essa altura de sua trajetória empreendedora, nossa recomendação é: não se deixe tomar pela ansiedade realizadora; não se precipite. Faça uma revisão rápida do capítulo anterior e você vai lembrar que um dos fatores essenciais do sucesso tanto dos Alpinistas quanto dos Maratonistas é a preparação e o planejamento. Para atingir suas metas, esses dois atletas, com atividades esportivas tão diferentes, têm um ponto muito forte em comum: antes de dar o primeiro passo da escalada ou da maratona, precisam saber a distância a ser percorrida; quais as condições previstas para o tempo e temperatura; como controlar o dispêndio de energia ao longo do percurso; se haverá, ou não, competidores; e ainda – muito antes disso – necessitam de alimentação balanceada e muita ginástica para conquistar as condições físicas ideais para enfrentar o desafio a que se propuseram.

Aplicada ao empreendedorismo, essa ideia traz à discussão a necessidade de elaboração de um modelo de negócio consistente. Imaginamos que você acaba de sentir um arrepio ou fez uma careta: pouquíssimas pessoas gostam de se dedicar a longas preparações e bem raras são aquelas que dizem ter facilidade para colocar no papel aquilo que estão pensando, não é? Só que planejar é uma das palavras-chave para o empreendedor. Estudos recentes comprovam que o planejamento amplia as probabilidades de sobrevivência e longevidade do negócio, já que mitiga os riscos e minimiza as incertezas que, sem dúvida, virão pela frente.

Mapa do Seu Negócio

Desde já, vamos chamar essa fase de preparação de Mapa do Seu Negócio – que vamos traçar juntos e percorrer com você. Em outras palavras, a lógica por trás de cada passo será a da estruturação de um negócio, mas você perceberá que tudo fluirá mais leve, mais simples e com muito mais flexibilidade para depois você colocar tudo em prática.

Formando cuidadosa e calmamente essa visão do modelo do seu negócio, aí sim, você deverá aplicá-la sobre uma estrutura mais tradicional de planejamento. Só que, nesse momento, já vai contar com um olhar mais estratégico para fazer escolhas e tomar decisões.

Mas será que existe mesmo necessidade de refletir, preparar e planejar tanto? Tem gente que parte para a ação, põe a mão na massa e faz acontecer. Já existem vários estudos no Brasil e no exterior sobre esse tipo de comportamento empreendedor, que foi batizado mais recentemente de *effectuation*, por Saras Sarasvathy, professora associada da Darden School of Business. Em suma, é o aprendizado durante a execução de um projeto empreendedor, quando a pessoa se dispõe a avançar por tentativa e erro a partir de quatro pontos básicos: perdas suportáveis, alianças estratégicas, exploração de possibilidades e futuro imprevisível.

Mas, cá entre nós, quando você consegue definir claramente quais são as possibilidades de seu negócio (modelo), quais são as alianças estratégicas para progredir (fornecedores, distribuição, *know-how*), qual é a dimensão das perdas que é capaz de suportar sem quebrar (administração contábil-financeira) e toma consciência de que o futuro é incerto e identifica os maiores riscos, você terá em mãos os principais elementos de um planejamento de negócio. É ou não é?

@tuitando: Preguiça de aprender não existe no dicionário do empreendedor bem-sucedido.

Então, não importa que nome seja dado: plano, *effectuation* ou Mapa do Seu Negócio, o fato – constatado por nós na prática diária – é que o sucesso sem preparação e aprendizado é ponto fora da curva. Pode acontecer, mas é bem raro. É o Aventureiro, descrito no Capítulo 1: se foi esse o resultado do seu Teste de Afeição a Risco no primeiro capítulo, além de reler e reavaliar as nossas considerações feitas ali, propomos que você responda com sinceridade mais algumas perguntas:

• Como você reagiria, depois de um ano com seu negócio operando, ao perceber que o produto/serviço não atrai clientes?

• O que sentiria ao perceber que não dispõe mais de capital para terminar de estruturar o negócio, como aconteceu com Rômulo e sua academia de ginástica?

@tuitando: Veja entrevista com Saras Sarasvathy em:

• Você manteria a motivação ao contabilizar prejuízo no segundo ano de seu negócio? Como? Que providência tomaria para corrigir o rumo?

• Depois de um ou dois anos com a empresa aberta, ao verificar que o negócio se tornou inviável financeiramente, você teria disposição para refazer o mapa?

• Depois de tomar uma decisão e agir, você costuma se arrepender e ficar pensando que poderia e deveria ter feito diferente?

Nós temos um amigo que sempre diz: "Antes de pensar na decoração da lojinha, pense no modelo do negócio." Arrepender-se mais tarde por não ter planejado o suficiente é uma das piores dores pela qual pode passar um empreendedor, e nós já tivemos a oportunidade de testemunhar isso algumas vezes. Planejar não dá garantia de sucesso, não é receita pronta, mas minimiza riscos e é blindagem contra aquela frase tão sofrida: "Ah, eu bem que podia ter analisado melhor essa questão antes", quando a situação já tem pouca chance de ser resolvida satisfatoriamente. Para Alpinistas e Maratonistas, chegou, portanto, a hora de planejar – sem sofrer.

Primeiro passo da jornada

Para nós, o primeiro passo importante em um Mapa de Negócio é o empreendedor desenvolver e aprimorar sua habilidade de empatia e a capacidade de observação.

Exercício da empatia

Você gostaria de entrar no mercado oferecendo um produto ou serviço que considera excelente, mas ao qual ninguém ou pouca gente se interessa ou dá valor? A habilidade da empatia ajuda muito a mitigar esse risco. Segundo o *Dicionário de psicologia,* de Roland Doron e Françoise Parot, a empatia é: "A intuição daquilo que se passa no outro, sem, contudo, esquecer-se de si mesmo, pois, nesse caso, tratar-se-ia de identificação. Para C. Rogers, a empatia consiste em captar, com a maior exatidão possível, as referências internas e os componentes emocionais de outra pessoa e compreendê-los como se fosse essa outra pessoa" (DORON; PAROT, 1998). Simplificando, a empatia é a capacidade de se colocar no lugar das outras pessoas e entender, por que e como elas estão agindo e reagindo. O que as motiva no mercado? O que esperam? Por que buscam determinado produto/serviço e não outro? O que mais valorizam?

A razão para você treinar a sua habilidade de empatia é simples: **as outras pessoas** – e não você – é que são os clientes potenciais da sua empresa. Olhe à sua volta e avalie: 1) hoje, o que as pessoas querem, desejam, necessitam ou ainda não sabem que precisam? 2) como é possível melhorar o produto/serviço que já existe e entregar mais valor a elas? ou 3) como é possível inovar e criar um produto/serviço que as surpreenda e conquiste pioneiramente?

Até o início do século XXI, o mais comum era os consumidores serem categorizados por sexo, idade, escolaridade, profissão e/ou faixa de renda, isto é, suas características sociodemográficas, que são dados mais facilmente mensuráveis. No entanto, o comportamento e as decisões de compra são baseados em questões bem mais complexas, sutis e até inconscientes. Por isso, em vez da ênfase nas pesquisas quantitativas, os estudos qualitativos passaram a receber mais atenção das empresas. Só que, ao iniciar o Mapa do Seu Negócio, você provavelmente não dispõe de recursos financeiros para investir em caras e demoradas pesquisas qualitativas. É aqui que entra a sua habilidade de empatia, que deve se somar à capacidade de observação, como você verá no próximo tópico.

Uma ferramenta muito útil para estimular essa habilidade é o Mapa da Empatia, criado por Dave Gray, quando ainda era CEO da XPLANE[5], uma empresa especializada em design e na visualização de ideias inovadoras. Para dar início ao processo de definição do perfil de seu futuro cliente, olhe para o Mapa da Empatia na Figura 2.1 e tente responder às perguntas: o que seu cliente vê? O que ouve? O que diz e faz? O que pensa e sente? Além disso, tente entender o que é um valor positivo para ele (ganhos) e o que atua negativamente sobre seu comportamento (perdas).

@**tuitando:**
Para saber mais, acesse:

---

[5] A XPLANE foi comprada pelo Dachis Group em 2010, e Dave Gray tornou-se vice-presidente sênior de estratégia da empresa.

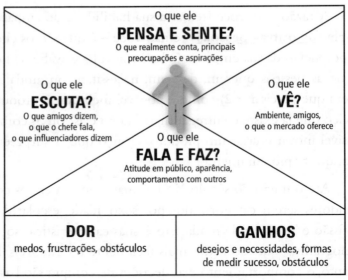

Figura 2.1 – Mapa da Empatia – Fonte: Dave Gray

Na internet, você encontra com facilidade a imagem do Mapa da Empatia – pronta e traduzida –, como a que foi reproduzida aqui no nosso livro. Imprima a tela no maior tamanho possível e cole na parede. Conforme você for tentando se colocar no lugar do seu "cliente potencial" e percorrendo todo o ciclo de perguntas, cole as respostas sobre cada área. Ao final do exercício, você terá uma ideia – bem inicial – de quem é e o que quer esse seu cliente imaginário. Quando terminar, saia às ruas e vá frequentar os mesmos lugares que você supõe que ele goste de ir e estar. Ou seja, vá a campo para verificar se o que você imagina tem, realmente, alguma veracidade. Volte e refaça o exercício, se possível, agora na presença de outras pessoas que já conhecem um pouco sobre sua ideia de negócio. O resultado desse exercício conjunto estará, com certeza, um pouco mais próximo da realidade do perfil de seu futuro cliente.

Exercício da observação

Além de estimular sua habilidade da empatia, comece também a dar mais atenção a tudo o que acontece a seu redor. Não apenas nas grandes linhas do cenário, mas também nos detalhes. A ideia de abrir um negócio na área de alimentação lhe parece atraente? Você não precisa, necessariamente, saber cozinhar, mas para formatar seu negócio, vai ajudar muito você aprender a observar: o que os outros estão fazendo? – principalmente quem parece estar indo bem. Logo ali, ao lado do local em que você mora, trabalha ou estuda, pode existir um universo muito rico de empreendedores para observar. É o que acontece, por exemplo, em dois quarteirões de um bairro de classe média em São Paulo. Quer ver? Nessa pequena área, além de casas e apartamentos, só existem a sede de uma grande empresa de consultoria, o prédio ocupado por uma multinacional do setor de telefonia e o campus de uma universidade. Em sua opinião, é melhor abrir ali perto uma hamburgueria ou ter um carrinho de cachorro-quente? Os dois empreendimentos estão no mesmo ramo de negócio? Qual das duas iniciativas tem mais chances de ser bem-sucedida?

Antes de responder, é melhor usar a empatia e a observação para definir: 1) quem você quer ter como cliente, os estudantes ou os funcionários das empresas? 2) qual dos dois públicos tem mais dinheiro disponível para se tornar seu cliente? 3) vamos supor que sua resposta tenha sido, os estudantes. Mas, nesse caso, você quer como cliente o estudante que estuda pela manhã ou o que estuda à noite? e 4) se o seu alvo é o estudante do período noturno, vai querer atender aquele que chega com fome depois do trabalho e precisa se alimentar depressa para entrar em aula ou os que saem mais tarde em grupo para o *happy hour*?

Percebe? É o tipo de cliente que você escolhe que vai definir o modelo do seu negócio, isto é, como você vai entregar valor a seu público-alvo. Portanto, tanto a hamburgueria quanto o carrinho de *hot-dog* podem vir a ser um sucesso, desde que antes você tenha conseguido entender o que os clientes – escolhidos por você – querem, precisam e/ou desejam. E, claro, se eles estão, de fato, circulando por perto da área em que você pretende abrir seu ponto comercial. E ainda: se esses clientes potenciais estão mesmo por ali, o acesso a seu ponto é fácil? Rápido? Seguro?

Só pela observação, podemos lhe assegurar que, naqueles dois quarteirões de um bairro paulistano de classe média, existem alguns modelos de negócio que já se mostraram bem--sucedidos e outros que ainda estão procurando um rumo – o que não chega a ser positivo, pois enquanto buscam um modelo, esses empreendedores têm custos fixos e variáveis que não ficam parados, esperando a lucratividade chegar. Em outras palavras, quem procura o modelo de negócio depois de abrir as portas, está gastando dinheiro. Essa conta é bem simples: é melhor investir mais tempo em planejamento, quando você ainda não tem custos operacionais, do que ter que refinar o modelo de negócio com as portas abertas e o dinheiro escorrendo pelo ralo.

Entre os empreendimentos que têm um modelo consistente de negócio, vamos relatar o que observamos, por exemplo, com a dona Lúcia. Ela abre sua lanchonete bem cedinho para servir e entregar café da manhã: todo mundo que saiu de casa atrasado para ir ao trabalho ou à faculdade dá uma paradinha rápida por lá para comer alguma coisa ou, se estiver mais do que atrasado, pede uma média com pão na chapa por telefone. Na hora do almoço, ela oferece pratos rápidos com cardápio fixo no qual incluiu há pouco tempo umas opções *light,* mais saudáveis para quem anda querendo emagrecer. Durante a tarde, tem expresso, chás, sucos, bolos, pães de queijo e salada de fruta em copinhos – no balcão, nas mesas e no delivery. À noitinha, dona Lúcia volta a servir os pratos rápidos para

> **@tuitando:**
> Toda hamburgueria é igual? Ou tem uma para ir com amigos e outra para ir com a namorada? Por quê?

atender os estudantes que chegam à universidade. Oferecendo café da manhã, almoço, lanche e jantar, ela reduz os custos fixos e satisfaz as necessidades dos clientes, que se mantêm fiéis. Dona Lúcia não vende cerveja e fecha às 8 horas da noite, porque, definitivamente, o modelo de negócio dela não é entregar valor para o *happy hour* da moçada depois das aulas.

O vizinho de porta da dona Lúcia também merece ser observado. Em um espaço pouco maior do que uma garagem, ele abriu uma *bombonière*. É o próprio dono quem cuida do ponto, os produtos são bastante variados e têm preço bem competitivo. Ele consegue fazer escala para comprar melhor e reduzir o peso do aluguel nos custos fixos. Em geral, é mais barato comprar lá uma barra de chocolate do que na padaria — que, além disso, é mais longe. Ele concorre com o negócio da dona Lúcia, mas a lanchonete dela — que só vende umas trufas mais caras — não concorre com o dele. Ou seja, quem chega atrasado de manhã, para economizar tempo e dinheiro, pode escolher comprar uma barra de chocolate em vez de tomar uma média com pão na chapa. Depois de almoçar, a sobremesa pode ser na *bombonière*, em vez daquele tradicional pudim de leite da dona Lúcia. Não há diferenciação no atendimento da *bombonière*, mas os custos são reduzidos e diluídos, e o estabelecimento está sozinho na região vendendo doces e chocolates com os preços mais baixos. Avaliando a situação, o negócio conseguiu encontrar seu espaço naquela região e se despreocupar da concorrência, navegando em águas calmas e azuis. Atualmente, ele está tranquilo porque não existe outro ponto comercial para alugar no entorno que possa concorrer com o modelo de negócio da *bombonière*. Então, esse é um modelo de negócio apropriado para o momento: como todo empreendedor, o dono da *bombonière* não pode relaxar; tem que ficar atento a toda movimentação ao seu redor.

Por ali existe também um restaurante mais antigo e mais tradicional, mas que está encontrando dificuldade para resistir à

> **@tuitando:**
> Percebe como empatia e observação podem ajudar no seu modelo de negócio?

concorrência. Há alguns anos, estava quase sozinho e era o único a oferecer refeições mais sofisticadas – e mais caras. Quando a concorrência ficou mais forte, esvaziou, principalmente na hora do almoço, porque deixou de ser a única opção e não conseguia oferecer o que o perfil do cliente daquela região mais precisava: refeições rápidas, honestas e com preço competitivo. Houve uma tentativa do dono do restaurante de recuperar o movimento, reduzindo o preço dos pratos. Ele se deu conta de que o balizador dos restaurantes da vizinhança é o vale-refeição médio dos funcionários das empresas que operam na área. Para poder cobrar menos, ele tirou a sofisticação dos pratos, usando ingredientes mais simples e diminuindo as porções. Apesar disso, por enquanto, continua se debatendo para reinventar seu modelo de negócio e superar os novos rivais em um mar já manchado de sangue e superpovoado de tubarões grandes e pequenos.

Vale observar também a capacidade de adaptação de um restaurante italiano da região. Instalado em um casarão antigo que é de propriedade do dono, agora eles oferecem na hora do almoço um bufê de massas e grelhados e, à noite, passaram a operar apenas como pizzaria. Como o espaço é mais amplo e agradável, o proprietário tem focado na realização de eventos: nas empresas que funcionam ali em volta, quando alguém faz aniversário, pode estar certo, a comemoração é no italiano – tanto no almoço quanto no jantar, reunindo em festas, inclusive, os alunos e os professores da universidade. Esse ganho de escala tem sido o suficiente para o negócio dele se livrar do naufrágio.

Existe ainda um pequeno bistrô com cardápio de inspiração francesa. É bem decorado, tem poucas mesas, o ambiente é mais silencioso e agradável e os pratos são bem-feitos e saborosos. Outro dia, fomos almoçar lá e havia poucos lugares ocupados. Como especialistas em empreendedorismo, costumamos dizer que a observação é "nosso vício e dever de ofício". O que há de errado naquele bistrô? Em nossa opinião, a comida estava muito boa, mas o serviço foi lento – desde o garçom que demorou para vir anotar os pedidos, até os pratos que também demoraram a chegar à mesa. Essa foi nossa primeira ressalva: a maioria dos funcionários das empresas por perto tem apenas uma hora para o almoço. Voltamos na semana seguinte para mais um teste e aproveitamos para bater um papo com o dono, que se mostrou muito simpático e atencioso.

Bastou essa conversa, porém, para encontrarmos as outras respostas: com custos fixos elevados na operação, pagando ainda a reforma do imóvel e a decoração, o dono não consegue cobrar por refeição o tíquete médio das pessoas que trabalham na região. Além disso, "a proposta do restaurante", segundo o proprietário, recém-formado em Gastronomia, "é oferecer refeições em sintonia com o *slow food*[6]." Então, o público-alvo dele fica limitado aos executivos que trabalham nas empresas ali em volta e podem pagar mais caro para almoçar. Só que há mais um detalhe. Veja se, usando sua empatia, você já conseguiu observar o seguinte comportamento: executivos com folga no orçamento para pagar mais caro pelas refeições e com mais tempo para almoçar, costumam pegar o carro e ir até algum de seus restaurantes prediletos para comer algum de seus pratos favoritos – ou experimentar alguma novidade da moda gastronômica. Raramente saem para almoçar dizendo: "Vou rapidinho aqui por perto e volto logo", já reparou?

Assim, o que está acontecendo naquele bistrô é um erro de planejamento, que levou a alguns equívocos na formatação do modelo de negócio. Antes de abrir o próprio restaurante, o dono foi buscar capacitação em gastronomia e conseguiu identificar a tendência de crescimento do movimento *slow--food* no Brasil. Isso, sem dúvida, é empenho na preparação de

---

[6] O movimento *slow food* foi criado em 1986 por Carlo Petrini em oposição à ampliação das redes de *fast-food* e vem se expandindo mundialmente, em especial, a partir de 2000. Defende, entre seus princípios, o direito ao prazer da alimentação, utilizando produtos artesanais de qualidade especial, produzidos de forma sustentável. Mais informações sobre essa tendência no Brasil em: <http://www.slowfoodbrasil. com/slowfood/o-movimento>. Acesso em: 02 fev. 2014.

um negócio, mas não o suficiente. Primeiro, além do diploma de *chef*, ele não buscou obter também alguma capacitação em empreendedorismo. Sem uma visão clara e estruturada do negócio em mente, ele acabou formatando o modelo de seu restaurante apenas pelos parâmetros dos próprios desejos e não pela localização do ponto comercial escolhido e pelas necessidades dos clientes daquela região específica. Ou seja, o *chef* recém-formado fechou os olhos e sonhou: "Um dia vou ter meu restaurante e será um pequeno bistrô com pratos franceses clássicos e filosofia *slow food*. Todo mundo vai adorar, e eu serei um sucesso."

É muito bom sonhar, mas o sonhador precisa pôr os pés no chão para fazer seus desejos se tornarem visão, plano, projeto, mapa e, finalmente, realidade – e ter mais chances de se tornar um sucesso! Para aumentar a probabilidade de atrair clientes, um restaurante francês adepto do *slow food* deve ser instalado em uma região de grande circulação diária de pessoas, capaz de atrair na hora do almoço executivos de qualquer bairro da cidade, que, além da boa gastronomia, valorizem também um ambiente bem decorado e um serviço demorado, mas bastante atencioso. Confinado na rua onde está hoje, o público do bistrô fica restrito aos funcionários de nível médio das duas empresas vizinhas e aos estudantes e professores da universidade. Então, nesse caso, ele vai ter que, rapidamente, adaptar-se aos clientes disponíveis no entorno: cortar custos e passar a oferecer comidinhas gostosas, rápidas, saudáveis e por um preço que, de preferência, não fique acima do vale-refeição médio dos clientes.

Com cuidado e respeito, falamos sobre essas observações com o proprietário. Na verdade, oferecemos consultoria gratuita, mas ele se mostrou reticente. Não tem experiência e nem capacitação empreendedora, mas não quer mudar o formato do negócio, não quer mudar o próprio sonho. Então, a nós, especialistas na área, resta a tarefa de continuar observando

> **@tuitando:** Não ouvir palpite alheio é bem diferente de ser surdo ao cenário de negócio, ok?

o desempenho do bistrô. Pode ser que uma hora o restaurante "pegue" e vire moda, pode ser. Não é impossível, mas é pouco provável. De longe, ficamos torcendo para o jovem *chef* ter um bom capital de giro para bancar o negócio aberto – sem rentabilidade – até conquistar mais clientes.

Conclusão: sem exercitar a empatia e a capacidade de observação, na hora de formatar um modelo de negócio consistente, tudo fica muito mais trabalhoso e complexo. É como dar um tiro sem enxergar o alvo: pode acertar na mosca ou pode passar bem longe. Sobre a questão da necessidade de observar, Dan Sperber[7] chegou à seguinte conclusão: "Se você é capaz de deduzir as crenças de outras pessoas através da observação de seu comportamento, pode se beneficiar do conhecimento dessas pessoas e descobrir fatos dos quais você não tem experiência direta" (SPERBER, 1997, p. 209). Ou seja, observar ajuda você a aprender com os acertos e os erros dos outros empreendedores antes de ter que sentir na pele – ou no bolso – as consequências de suas próprias escolhas e decisões. Com isso em mente, é possível dar início à linha de raciocínio que vai nortear o Mapa do Seu Negócio, minimizando o risco de se perder pelo meio do caminho ou acabar tendo nas mãos um projeto inadequado.

Exercício de relacionamento

Um dos segredos dos empreendedores bem-sucedidos é a capacidade de formular perguntas a partir desses exercícios de observação. Veja bem: o segredo não está em ter todas as respostas; está em fazer as perguntas certas às pessoas que podem lhe oferecer os conteúdos mais contributivos. O jovem *chef* descrito nesse capítulo, por exemplo, quando conversamos com ele, estava mais interessado em nos explicar seu sonho/projeto do que em nos

---

[7] No artigo "Como nos comunicamos?" publicado no livro *As coisas são assim*.

fazer perguntas cujas respostas poderiam ajudá-lo a readequar o modelo de negócio de seu restaurante. Ele perdeu a oportunidade de ouvir e aprender como se tornar mais rentável diante do perfil de clientes disponíveis naquela localização específica.

O empreendedor é um solitário: todas as decisões, responsabilidades, atribuições e riscos estão nas mãos dele. Mas isso não quer dizer que deva se isolar ou agir sozinho. Sua rede de contatos é – e sempre será – uma enorme fonte de aprendizado. Portanto, aprenda a tirar proveito dela. Se estivesse focado em fazer perguntas e aprender, o jovem *chef* poderia ter aproveitado nossa disposição de lhe oferecer gratuitamente uma rápida consultoria. Aqui está a diferença entre "palpite" e "contribuição". E o empreendedor tem que aprender essa diferença. A sua tia pode "achar" que o cardápio do seu restaurante deveria ter *gnocchi*, porque ela adora. Três clientes consultores em empreendedorismo – caídos do céu na hora do almoço – podem lhe sugerir como readequar o cardápio e o preço à clientela disponível.

Por isso, desde o início, eleja alguns "padrinhos". Pessoas que podem aconselhar você com propriedade. Não há necessidade de que sejam empresários do mesmo ramo; basta que tenham vivência de negócios e vontade de colaborar. Para ampliar a sua rede de contatos, frequente reuniões de associações, entidades setoriais. Vá a palestras, faça perguntas, convide pessoas para um almoço de troca de ideias. Essa proximidade com pessoas mais experientes vai ajudar você a aprender mais rápido. E não pense que, depois de aberto o negócio, você não vai precisar mais dessas conversas contributivas. Apesar da rotina da operação ser absorvente, será sempre útil contar com um plano de relacionamentos; uma rotina de encontros bem definida: quando, com quem, onde e por quê.

Acostume-se a fazer perguntas e a aceitar as respostas oferecidas pela experiência alheia. Claro, você é o empreendedor e as escolhas e as decisões serão sempre suas. Mas temos certeza de que você não vai se arrepender de contar com um olhar diferen-te e as sugestões de um "anjo da guarda" empreendedor.

Dicas

• Não se deixe tomar pela ansiedade: preparar, avaliar, refletir e planejar ANTES melhora suas chances de sucesso.

• Não é preciso sofrer para planejar e modelar o seu empreendimento. Siga com a gente passo a passo e construa com prazer o Mapa do Seu Negócio.

• O exercício da empatia tem o poder de lhe indicar quem é e o que quer o seu futuro cliente. **Nunca deixe de ir a campo para ver** acontecer na realidade tudo o que a empatia lhe sugeriu.

• O exercício da observação mostra o que estão fazendo os empreendedores bem-sucedidos e tem o poder de ajudar você a aprender com os erros dos outros. **Nunca deixe de ir a campo para conferir**: conversar com outros empreende-dores e se certificar de suas observações é fundamental.

❝ O tiro no pé é...
...ter pressa para entrar em ação com seu negócio."

CAPÍTULO 3
Qual é a cara do seu cliente?

Você sonha em ter seu próprio negócio e, por causa desse desejo, começa a se articular: identifica o que mais gosta de fazer, avalia seu perfil empreendedor, mensura seu grau de Afeição a Risco, conversa com as pessoas, compra livros, assiste a palestras, faz cursos, troca experiências, pensa e aprende a exercitar a empatia e a observação do mercado. Ao ler os dois capítulos anteriores, foi somando ideias na cabeça e, de repente, quase sem perceber, tem formada a visão de uma oportunidade de negócio. A partir desse momento, é normal que você se sinta tomado por uma forte energia realizadora: quer ver seu sonho virar realidade, colocar as ideias em prática, transformar a visão em projeto e erguer a empresa para vê-la lucrar. Essa energia interna é a força motriz de todo empreendedor; é sua principal motivação.

Toda essa potência empreendedora é, justamente, o que faz você se sentir pronto para começar a percorrer conosco o passo a passo do Mapa do Seu Negócio. No Capítulo 2, assumimos o compromisso de que essa trajetória – apesar de longa e muito importante – pode ser percorrida com prazer. Por isso, em vez de usar a abordagem mais tradicional de Plano de Negócio, decidimos adotar a metodologia Canvas do livro *Business Model Generation* (BMG), publicado por Alexander Osterwalder e Yves Pigneur em cocriação com 470 colaboradores de 45 países. Todas essas pessoas deram sua contribuição para chegar a um esquema simples, direto e visual, capaz de mostrar com clareza a lógica de como um novo negócio se estrutura com o objetivo de gerar valor para os clientes – e lucrar. Em nossa opinião, a metodologia Canvas é uma grande sacada.

Dado esse devido crédito, vamos apresentar essa metodologia a você, acrescentando nossa experiência, visão empreendedora, histórias reais e exemplos práticos para facilitar ainda mais a apreensão do conteúdo. Ao final de sua trajetória, temos certeza, você vai chegar à conclusão de que é possível definir o Mapa do Seu Negócio em nove etapas de maneira criativa e interessante.

Para começar, busque na internet o quadro da metodologia Canvas. A ferramenta é de domínio público e gratuita, resultado de um esforço colaborativo ao qual somaremos nossa experiência de especialistas e você, seus esforços empreendedores. O esquema é de fácil visualização e compreensão. Completamente exposto em uma única tela (por isso, a metodologia é chamada de *canvas*, "tela" em inglês), apresenta os elementos das principais áreas de um novo negócio: clientes, oferta, infraestrutura e viabilidade financeira. Veja a Figura 3.1 abaixo.

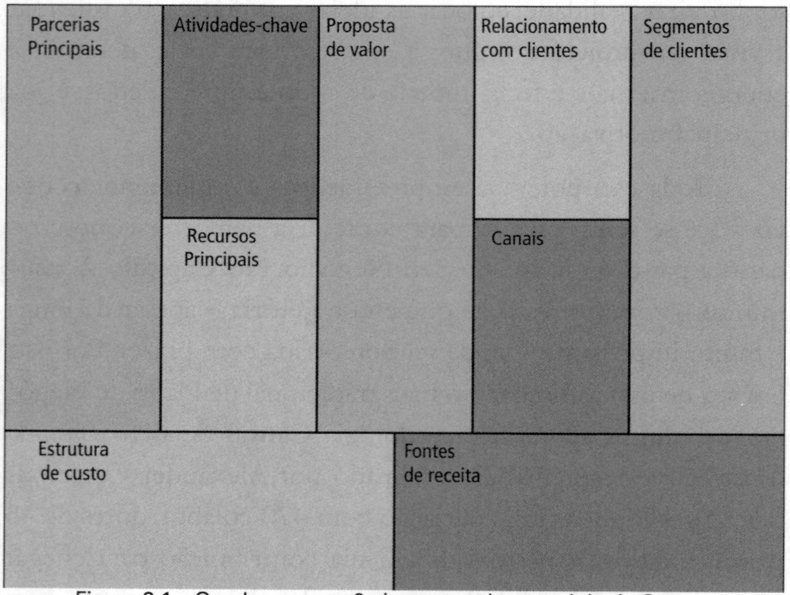

Parcerias Principais	Atividades-chave	Proposta de valor	Relacionamento com clientes	Segmentos de clientes
	Recursos Principais		Canais	
Estrutura de custo			Fontes de receita	

Figura 3.1 – Quadro com os 9 elementos da metodologia Canvas

Declaradamente, o objetivo desse livro é ajudar você a aumentar suas chances de sucesso como empreendedor. Por isso, vamos discutir com você cada um dos 9 elementos do quadro da metodologia Canvas. Ao percorrer conosco o Mapa do Seu Negócio, você estará trilhando um caminho mais seguro e menos exposto aos principais riscos que ameaçam o lançamento de uma iniciativa empreendedora. Então, pegue 9 folhas de papel colorido – de preferência, uma de cada cor – e cole na parede de algum lugar que só você tenha acesso. Antes disso, escreva o nome de cada um dos elementos do método Canvas em cada uma das folhas:

1) Segmentos de Clientes

2) Proposta de Valor

3) Canais (ou Canais de Distribuição)

4) Relacionamento com Clientes

5) Fontes de Receita

6) Atividades-chave

7) Recursos Principais

8) Parcerias Principais

9) Estrutura de Custo

Escolha um local em que você possa ficar tranquilo pensando sobre esses elementos, sem a interferência direta da família e dos amigos. Mas não se isole demais, de vez em quando, é bom contar com mais gente para dar ideias. Nesse seu canto, também deve ser possível deixar essas folhas coladas na parede por alguns dias, sem ninguém reclamar que a casa está ficando uma bagunça, desde que você resolveu se tornar empreendedor. Essas folhas coloridas serão a "tela" em que você vai estruturar o modelo do seu negócio junto conosco. Feito isso, vamos seguir o Mapa do Seu Negócio: primeira etapa, definição do perfil dos clientes.

A cara do seu cliente

Você decidiu empreender: teve uma ideia de negócio a partir do diagnóstico de uma oportunidade e quer seguir em frente. Ok, mas antes tente responder as seguintes perguntas: 1) para quem você vai montar esse negócio? 2) quem será a pessoa mais feliz quando sua empresa estiver operando? e 3) quem será o protagonista nesse negócio? Você, os funcionários ou os clientes?

Quando a gente projeta uma empresa, tende a idealizar a situação: "É claro que o meu negócio está sendo montado de acordo com a minha visão empreendedora e que meus funcionários, sempre bem treinados, entregarão o melhor para deixar os meus clientes satisfeitos." Mas, trazendo essa mesma frase da idealização para a realidade, ela ficaria assim: "É claro que vou montar o meu negócio de acordo com as necessidades e desejos **dos meus clientes** e investir muito tempo e dinheiro para que meus funcionários consigam entregar valor e satisfazer às necessidades e desejos **dos meus clientes**." Não é por acaso que a palavra "clientes" aparece duas vezes na mesma frase. O cliente é o protagonista do seu negócio; porque a felicidade dele é que fará você lucrar – e ser feliz por tabela. Em outras palavras: cliente feliz é que faz a felicidade do empreendedor.

E aqui surge outro ponto importantíssimo: ninguém é capaz de fazer o outro feliz sem conhecê-lo muito bem! Quando você imagina a sua empresa em operação, qual é a cara do seu cliente? Como se comporta? Definir qual é o perfil ou os perfis dos clientes que potencialmente têm maior possibilidade de perceber e dar valor ao seu produto/serviço é o que vai ajudar você a delinear as características do seu negócio: desde layout, localização, meios de pagamentos, distribuição, diferenciais de atendimento... Enfim, todas as características do seu produto/serviço têm que ser coerentes com o perfil do Segmento de Cliente que você escolheu atender – e fazer feliz!

Quando você deixa que uma ou mais características do negócio fiquem em contradição com o perfil de cliente escolhido, está criando, direta ou indiretamente, dissonâncias, resistências, isto é, barreiras de acesso ao seu produto/serviço. Um exemplo corriqueiro e que nos parece bem óbvio, mas que foi real: uma loja de produtos gastronômicos sofisticados, focada no público de alta renda de Porto Alegre, bem localizada e bem decorada, não aceitava pagamentos com cartão de crédito em 2007 – nenhum cartão. Na hora de pagar, a maioria dos clientes reclamava porque queria pagar com cartão por ser mais simples, rápido e fácil – até para controlar as despesas mensais. Pessoalmente, você pode até não ter essa preferência pelo uso do cartão de crédito, mas, sendo dono do negócio, não pode deixar de considerar que as pessoas com hábitos de consumo mais sofisticados usam cada vez menos dinheiro ou cheque.

Levante da cadeira e vá a campo

Se não acredita nessa observação, teste a ideia em campo: entre em uma loja que você considera voltada para o público de alta renda e faça uma pequena compra. Na hora de pagar, estenda seu cartão de crédito e, como quem não quer nada, comente com o caixa: "Nossa, a gente se habitua mesmo a essa história de dinheiro de plástico! Aposto que aqui a maioria dos clientes paga com cartão?" E, dependendo da simpatia e do conteúdo da resposta, vá em frente, fazendo outras perguntas: "Ah, é? E qual o cartão mais usado?", "Os clientes pagam à vista ou parcelado no cartão?", "Ah! Mas se vocês fazem esse preço em até 3 vezes sem juros, então, também vou querer pagar assim." Não se pode dizer que isso seja uma pesquisa, mas temos certeza que você vai sair da loja com algumas ideias interessantes sobre o meio de pagamento preferido pelo público de alta renda.

Mas por que o dono da loja não aceitava pagamento com cartões? A pergunta foi feita diretamente a ele, e a resposta foi a seguinte: "A taxa de administração dos cartões, cobrada dos lojistas, em minha opinião, é muito alta; custa uma parte da minha margem nos produtos. As pessoas que compram aqui têm dinheiro e podem pagar à vista, não precisam usar o cartão." Equívoco: precisar, não precisam; mas preferem. Inclusive,

> **@tuitando:**
> Conhecer seu cliente é mergulhar no mundo dele e não no seu.

mesmo que seja preciso pagar um pequeno percentual a mais para continuar contando com a facilidade. Comodidade e conveniência têm muito valor para esse Segmento de Clientes, e o dono de um negócio não pode ignorar ou desconhecer o que é mais valorizado por seu público-alvo. A tal loja *gourmet* de Porto Alegre não fechou as portas por causa dessa atitude inflexível em relação aos meios de pagamento, mas atualmente já aceita todos os cartões de crédito. Por fim, venceu a felicidade dos clientes.

De forma geral, os possíveis mercados são os seguintes:

• **Mercado de massa:** segundo Kotler, estudioso da área de Marketing, envolve o contingente de pessoas que compra e consome determinados produtos básicos (sabonetes e bebidas não alcoólicas, por exemplo). Ou seja, você teve a ideia de um produto/serviço capaz de atender uma necessidade genérica do mercado: homens, mulheres, jovens, adolescentes, crianças e/ou idosos. Todo mundo precisa ou pode vir a precisar utilizar seu produto/serviço. Existem sutilezas aqui: por exemplo, todos precisam se alimentar e, portanto, terão que comprar comida. No entanto, o tipo de alimento que você oferece, certamente, será focado em um ou outro segmento, como vimos anteriormente no exercício de observação no Capítulo 2. Quer ver? Se decidir plantar e vender morangos orgânicos, seu segmento será o das pessoas que buscam alimentação saudável e consumo sustentável, isto é, podemos dizer que será uma atividade da ecoeconomia; mas, se definir que vai plantar arroz em grande escala, já estamos falando de uma *commodity* global, porque o grão é alimento básico para 2,4 bilhões de pessoas no mundo[8].

Então, qual é o tipo de produto que atende o mercado de massa, além das *commodities*? Eletroeletrônicos, refrigerantes, automóveis, medicamentos; tudo o que precisa de grande escala de produção. Portanto, o mais provável é que sua ideia

---

[8] De acordo com o artigo "Importância econômica, agrícola e alimentar do arroz". Disponível em:<http://sistemasdeproducao.cnptia.embrapa.br/FontesHTML/Arroz/ArrozIrrigadoBrasil/cap01.htm>. Acesso em:16 dez. 2013.

empreendedora não seja para o mercado de massa até porque os custos do investimento inicial para esse tipo de negócio são bastante altos. Grande escala para mercado de massa é briga de cachorro grande: você conhece uma pequena empresa automobilística capaz de competir em pé de igualdade com as grandes montadoras globais? Não existe uma. Por isso, a atuação em segmento ou nicho é mais recomendável para os pequenos e médios empreendimentos por causa da limitação dos recursos. Isso vai ficar mais claro nos tópicos a seguir.

• **Mercado segmentado:** o mercado de massa se subdivide em grupos com necessidades e desejos de compra mais específicos; são os segmentos. A segmentação de mercado é um conceito muito importante para o sucesso do seu negócio. **Antes** de avaliar a viabilidade financeira, **antes** de pensar na infraestrutura operacional, **antes** de refinar as características do produto/serviço, você tem que determinar: 1) qual é o segmento (ou mais de um) que, potencialmente, mais perceberá o valor de sua proposta? e 2) o que você pretende entregar ao mercado em termos de inovação ou diferencial?

Vamos ver alguns exemplos:

Quando um fabricante de calçados femininos toma a decisão de produzir apenas modelos de salto alto, qual é o segmento em que vai atuar? Majoritariamente, mulheres com idade entre 20 e 50 anos com renda acima de 3 salários mínimos. Não quer dizer que adolescentes não consigam convencer as mães a lhes comprar um sapato com salto agulha de 10 cm ou que uma senhora de 60 anos não queira ter um modelo com salto alto um pouco mais largo e mais baixo. E nem tampouco que uma moça que trabalha como assistente de serviços gerais, recebendo por mês pouco mais do que um salário mínimo, não venha a comprar de vez em quando um lindo sapato de salto bem alto para ir a uma festa. Mas elas não serão a maioria do segmento-alvo desse fabricante de calçados femininos.

Outro exemplo: Ricardo, formado em Ciências da Computação e filho de um alfaiate e camiseiro, resolveu se tornar empreendedor, assumindo e investindo para dinamizar o negócio do pai. Para aproveitar o *know-how* que já existe na família, decidiu montar uma pequena fábrica de camisas sociais, mas mantendo a confecção sob medida e diferenciais de exclusividade (como o monograma do cliente bordado no peito); portanto, o segmento em que atua é o mesmo da alfaiataria do pai: homens acima de 40 anos com renda mensal maior do que 15 salários mínimos. Mesmo considerando permanecer nesse segmento, esse jovem empreendedor percebeu que, para valer a pena investir no negócio, era necessário ampliar o perfil dos clientes atendidos para aumentar a velocidade do retorno. Ele gostaria de passar a fazer camisas sociais também para o segmento formado por homens com idade acima de 25 anos e renda mensal a partir de 10 mínimos. As camisas feitas com o *know-how* do pai têm, com certeza, ótima qualidade, mas o produto é tradicional e conservador. Como atrair mais clientes de um segmento jovem com bom nível salarial? Oferecendo um novo valor, além de qualidade e tradição. O que os homens jovens já bem posicionados profissionalmente valorizam atualmente? Facilidade e conveniência.

A conclusão, portanto, foi a seguinte: para dinamizar o negócio, não havia necessidade de alterar as características do produto (camisa social de qualidade), mas agregar diferenciais na prestação do serviço. Como? Ele buscou parcerias com a área de Qualidade de Vida no Departamento de Recursos Humanos de grandes empresas, que costumam oferecer programas e serviços aos funcionários, entre eles, uma alameda no prédio da matriz com academia de ginástica, sapateiro, locadora de DVDs, lavanderia e cabeleireiro. E por que não um camiseiro, já que os funcionários desse tipo de empresa trabalham diariamente de terno e gravata? Logo depois de conseguir instalar o primeiro quiosque dentro de uma multinacional do setor de informática (contato antigo do seu tempo de estudante na área!), ouviu uma nova demanda de um jovem cliente: "E por que depois de eu tirar as medidas aqui no quiosque, não posso passar a encomendar novas camisas por um site? Ia ser legal ter imagens das padronagens dos tecidos, os tipos de punhos e colarinhos e poder encomendar bem depressa." Hoje, os jovens profissionais bem-sucedidos querem que a obrigação de se vestir todos os dias de terno e gravata fique mais simples, mais rápida e mais conveniente. Na fase atual, a camisaria está abrindo o terceiro quiosque, e o site para novos pedidos dos clientes está quase pronto para começar a atender.

Você percebe como a definição do Segmento de Clientes e a compreensão de seus desejos, necessidades e comportamentos (empatia e observação) acabam induzindo o empreendedor a determinar as características do produto, os diferenciais de serviço, o tipo de infraestrutura operacional e, por fim, o investimento necessário e as expectativas de demanda e receita?

• **Mercado de nichos:** os nichos reúnem consumidores com desejos e necessidades mais peculiares e ainda mais específicos. A maioria das brasileiras usa sapatos 35/36, mas existem também as que calçam números maiores, até acima de 40. Elas não são muitas, mas costumam ser fiéis às sapatarias que atendem sua necessidade mais específica. Pergunte sobre fidelidade dos clientes à família Rosenthal que, em 1938, fundou a Casa Eurico no bairro de Moema (São Paulo) e até hoje é especialista em calçados para homens e mulheres com pés grandes. A história da loja e sua expansão com a abertura de filiais – atualmente administrada pelos netos do fundador – é um belo relato de ação empreendedora.

@tuitando:
Não deixe de entrar no site da Casa Eurico:

As pessoas que gostam de comprar álbuns no formato de LPs, aqueles bolachões pretos de vinil, que precisam ser ouvidos em um toca-discos também formam um nicho. Dependendo da sua idade, pode ser que você nunca tenha visto um aparelho desses funcionando, mas as lojas especializadas em som dispõem de modelos novos de marcas prestigiadas. Você pode achar estranho esse hábito de consumo na era do MP3, mas observe que as grandes lojas de produtos culturais (CDs, DVDs, livros, e-books, games) nas maiores cidades do mundo também mantêm uma pequena seção para os LPs. Nesses locais, costumam estar à venda os álbuns em formato vinil dos grupos mais alternativos ou daqueles que já se tornaram clássicos, especialmente do rock. A Livraria Cultura vende LPs até em seu site de *e-commerce*.

OK, esse perfil de consumidor está longe de formar a maioria do mercado, e a oferta de produtos/serviços específicos, em geral, não é lá muito grande, mas hoje, no mundo das mídias digitais, os nichos já não podem mais ser descartados como alvo de negócios. É justamente a tecnologia digital do século XXI que possibilita que os nichos de consumo tornem-se mais atraentes para os empreendedores, especialmente na área de entretenimento. A revolução tecnológica reduziu drasticamente o custo da conexão entre oferta e demanda: hoje, uma nova banda grava suas músicas na garagem de casa, faz o *upload* do arquivo em um blog e usa as mídias sociais para divulgar o trabalho – sem investir um centavo em produção e estocagem e sem depender da aprovação de uma gravadora para lançar um CD.

É possível que apenas algumas centenas de pessoas acabem ouvindo o som daquela banda nova. Mas essas centenas de ouvintes podem ser o suficiente para gerar receita, por exemplo, com o cachê de shows no circuito desse grupo específico de fãs. Mas também é possível que milhares ou até milhões de pessoas acessem o blog da banda e passem a gostar do som dos músicos, que aí vão se tornar um sucesso de massa, não mais de nicho. No mundo digital do entretenimento, cada vez menos as gravadoras, as editoras ou as agências exercem a função de filtro: cada pessoa escolhe o que quer consumir, navegando na internet ou entrando de cabeça nos catálogos virtuais. Como diz um conhecido nosso: "Eu não gosto de ouvir a música que

> **@tuitando:**
> Mais sobre nichos na era digital no livro *A cauda longa* de Chris Anderson, (Campus, 2006).

todo mundo ouve, gosto de garimpar na rede." Ele faz parte de um nicho, sem dúvida, e consome muita música – nem sempre de graça.

Um nicho que sabe aproveitar muito bem as necessidades e os interesses bem específicos dos clientes é o de restauração de carros, um *hobby* que se chama antigomodelismo: já existe, de fato, uma cadeia de fornecedores de produtos e serviços para os aficionados por carros do século passado. Em novembro de 2011, foi realizada a primeira edição do Salão Internacional de Veículos Antigos no Anhembi, em São Paulo. Além da exposição de modelos raros, houve também leilão, e a movimentação de visitantes foi significativa, principalmente no fim de semana. Com esse movimento de gente e dinheiro, as empresas que montaram estandes no evento estavam satisfeitíssimas: no sábado, por volta de meio-dia – ou seja, ainda faltava um dia e meio para o encerramento da exposição –, a maioria dos representantes de vendas já estava com os produtos esgotados. O que eles vendiam? Acessórios originais, peças de reposição antigas, ceras de polimento e restauração e por aí vai.

Um amigo nosso, Ângelo, tem uma Caravan 1987, que comprou zero quilômetro e nunca mais quis vender, apesar de já ter tido vários outros carros. Por causa da Caravan, que ele chama de "Vovó", é cliente fiel de oficinas especializadas em retífica de motores, funilaria e restauração de estofamentos, conhece fornecedores oficiais de peças originais (não desmanches, lojas realmente especializadas no nicho) para Opalas, é sócio de um clube de fãs do carro (existem, pelo menos, 31 desses clubes no Brasil inteiro), assina a revista *Opala&Cia* (sempre cheia de anúncios classificados e de fornecedores de produtos e serviços) e, segundo ele, "investe" em média R$ 6 mil por ano para manter o carro impecável.

Para atuar em nicho, é essencial que o empreendedor tenha também entre suas principais características a habilidade de relacionamento interpessoal. Por quê? Em primeiro lugar, porque a "propaganda" é o boca a boca, conquistado com simpatia, atenção e confiança. E, em segundo, porque esse perfil de cliente, exatamente como Ângelo, costuma ficar muito satisfeito, por exemplo, quando o dono da loja telefona para avisar pessoalmente que determinada peça chegou, depois de quatro meses de busca e espera. Claro, sendo tão difícil e rara de encontrar, a margem de lucro do dono da loja sobre a tal peça sobe às alturas, mas Ângelo paga feliz para ter sua Caravan cada dia mais jovem. O site de um dos clubes de fãs do Opala define assim a paixão pelo carro: "Opala – poucos têm, muitos criticam, mas todos respeitam!" Gosto não se discute, especialmente porque, aos olhos de um empreendedor, cada gosto peculiar pode ser uma boa oportunidade de negócio.

Quer ver outro exemplo de como a identificação de um nicho pode se tornar um empreendimento lucrativo? Em 2011, a publicitária paulistana Christine (Titina) McKay Bilton criou a Agenda Black, uma comunidade no Facebook exclusiva para mulheres ricas trocarem dicas e comentários sobre o dia a dia, ou seja, todo o glamour das roupas e festas. Em poucos dias, a comunidade tinha três mil participantes. Em maio de 2012, já eram 4.500 mulheres ricas, as chamadas ablackers, sendo que outras 4 mil estavam na fila de espera para entrar. Sim, a Agenda Black seleciona antes quem pode fazer parte da seleta comunidade. O fato é que parte do "negócio" foi vendido e a comunidade já estava migrando para aplicativos em iPad e iPhone, além de negociar parcerias com shopping centers e cartões de crédito.

A equação é simples:
Compreensão do cliente + entrega de valor = Satisfação potencial

EXERCÍCIO
Qual é a cara do seu cliente?

Ao final dessa reflexão e depois de ter ido a campo uma ou duas vezes – no mínimo – para exercitar sua empatia e observação e verificar se suas ideias sobre o perfil de seus clientes fazem sentido diante da realidade do mercado, você já deve ter mais clara a percepção de QUEM É a pessoa que dará mais valor ao seu novo negócio. Então, junte uma porção de revistas na sua frente e procure identificar entre as fotografias que estão lá, A CARA do seu cliente: com quem ele se parece, como se veste, do que mais gosta, o que ouve, com quem se relaciona, aonde vai.

Quando encontrar três imagens que mais se pareçam com o perfil de cliente que você imaginou, recorte e cole na folha colorida chamada de SEGMENTO DE CLIENTE. Escreva abaixo de cada imagem – à mão mesmo – quais são suas principais características sociodemográficas e comportamentais. O objetivo aqui é ajudar você a VISUALIZAR o seu cliente potencial toda vez que voltar a percorrer o Mapa do Seu Negócio. Ou seja, é para o cliente que mais dará valor a seu produto/serviço que você está montando o negócio: mantenha o foco nele.

Pode até ser que, lá adiante, em alguma futura etapa dos 9 elementos do Mapa do Seu Negócio, você acabe chegando à conclusão de que sua ideia e o cliente escolhido não estão em tanta sintonia. Ok, qual é o problema? Nesse caso, você retorna à etapa de definição do segmento/nicho de cliente e volta a fazer esse exercício para refinar o perfil do público-alvo. Melhor fazer isso agora, no campo das ideias, do que quando você estiver com as portas abertas e com todo o dinheiro já investido, precisando gerar demanda – e receita!

Dicas

• Traçar o Mapa do Seu Negócio não é receita de sucesso, mas mitiga os riscos que podem ameaçar o lançamento de sua empresa.

• Encontre um local sossegado para você pensar no Mapa do Seu Negócio, mas não se isole. Sempre que puder, chame alguém para trocar ideias.

• Passe e repasse as ideias propostas nesse capítulo sobre segmentação e perfil do cliente até conseguir visualizar "a cara" dele.

• O perfil do seu cliente é que vai definir a Proposta de Valor e todas as demais características do seu negócio.

• A felicidade do empreendedor é indireta: cliente feliz é o que faz a empresa lucrar e o dono sorrir.

" O tiro no pé é...
...achar que entende o cliente sem nunca ter conversado com ele."

CAPÍTULO 4
Só o valor importa

L embra de quando, no Capítulo 2, falamos sobre a importância de conseguir se colocar no lugar dos outros e apresentamos o Mapa da Empatia criado por Dave Gray? Aquele era um exercício inicial para você começar a prestar mais atenção no que as pessoas – ou seja, seus futuros clientes – pensam, sentem, veem, escutam, falam e fazem. Na parte inferior do Mapa da Empatia estão as referências a perdas e ganhos. Por quê? Porque no final de cada experiência de consumo, todos nós, consciente ou inconscientemente, fazemos uma espécie de balanço do que ganhamos e do que perdemos. Se o resultado dessa conta for positivo, ficamos com a sensação de que o produto/serviço valeu a pena. Caso contrário, se o balanço entre ganhos e perdas for negativo, o mais provável é que a gente não volte a comprar ou usar mais aquele produto/serviço.

Nós temos um amigo que conseguiu tornar esse balanço bastante consciente em relação aos restaurantes que frequenta. Rogério é um *gourmet* e, além de apreciar uma boa refeição, também sabe cozinhar muito bem. Sempre que ele nos convida para um almoço domingueiro na casa dele é um prazer: da entrada à bebida e até a sobremesa, tudo é sempre delicioso. Mas, como também gosta muito de comer fora, Rogério tem sempre boas dicas de restaurantes em todas as cidades que já conheceu – a passeio ou a trabalho. O *hobby* dele é comer bem e, por incrível que pareça, ele é magro e não tem preconceitos: frequenta desde os botecos mais "sujinhos" e "pé-pra-fora" até os restaurantes estrelados com *chefs* famosos internacionalmente. Ao final de cada refeição, Rogério faz o balanço para avaliar se a experiência valeu a pena e nos contou outro dia quais são os seus critérios:

Quando o restaurante é simples, a refeição honesta e a conta modesta, acho que valeu a pena e considero a possibilidade de voltar àquele restaurante em outras oportunidades. Quando o restaurante é sofisticado, a refeição maravilhosa e a conta vultosa, também acho que valeu a pena e considero voltar. O que me faz não voltar? Por exemplo, se o restaurante for pretensioso: muito luxo, refeição apenas correta e conta alta. Também não volto mais se o ambiente for bonitinho, a conta baixa e a refeição insossa. E se for um boteco bem simples e não me oferecer uns pastéis de primeira e um chope bem tirado, também não volto. Detesto chegar à conclusão de que eu teria comido melhor em casa, se eu mesmo tivesse ficado na frente do fogão. Conheço um restaurante armênio em São Paulo, que fica escondido em uma ruazinha na zona norte e funciona na garagem da casa da família. O ambiente não poderia ser mais despojado, mas os ingredientes são de primeiríssima qualidade e os pratos, são deliciosos: a esfirra de cordeiro é sensacional. A conta? Tão alta quanto a de qualquer outro restaurante muito bom. Acho muito justo e estou sempre por lá. No ano passado, me levaram a um pequeno restaurante recém-inaugurado e a comida estava realmente muito boa. Me surpreendi com a conta: achei muito baixa. Na saída, comentei com os amigos, que o dono ia quebrar em pouco tempo. Dito e feito. É uma pena, mas aquele bistrô não existe mais.

Na verdade, quando Rogério faz esse balanço ao final de uma refeição, ele está comparando a "promessa" com a entrega de valor pelo restaurante. No caso desse nosso amigo *gourmet*, o valor entregue e percebido relaciona-se exclusivamente à qualidade e ao paladar da refeição; ele valoriza muito pouco o luxo e a badalação na hora de decidir onde vai comer. Existem, por outro lado, aquelas pessoas que valorizam mais o ambiente e a decoração de um restaurante. Esse é o valor que procuram e gostam de encontrar.

Em resumo, para os clientes, só o valor importa: se o balanço entre ganhos e perdas for positivo, ele volta; se não for, não volta. Por isso, do negócio mais simples ao mais sofisticado, todo empreendimento precisa ter definida uma Proposta de Valor a ser entregue – e percebida – **pelo consumidor**. É fator essencial de atração, geração e fidelização de demanda.

Então, depois de ter escolhido o segmento ou nicho que vai atender, chegou o momento de modelar uma Proposta de

Valor para o seu futuro negócio: o que e como oferecer àquele determinado cliente para que seja visto e percebido como inovador, melhor e/ou mais barato. Mas, antes de seguir adiante, vamos repassar juntos alguns conceitos. Leia com atenção o quadro a seguir sobre **custo x preço x valor:**

Custo x preço x valor

Nesse livro, para tornar mais evidente o que é a Proposta de Valor de um negócio, vamos considerar as seguintes definições para custo, preço e valor.
Custo: existem os custos diretos e os indiretos, que refletem monetariamente a soma de todos os recursos necessários para produzir ou realizar determinado bem ou serviço. Os custos englobam desde a matéria-prima e salários até gastos de energia e amortização de investimentos.
Preço: é a soma de todos os custos diretos e indiretos acrescida do percentual da margem de lucro necessária para que o empreendedor mantenha a empresa operacional e seja remunerado por seu investimento, trabalho e grau de exposição a risco e incerteza.
Valor: a partir de 3 fatores: 1) preço histórico, 2) preço praticado pelos concorrentes e 3) contexto da oferta do produto/serviço, o cliente forma uma percepção sobre o valor do bem e essa percepção do consumidor é que vai, finalmente, balizar quanto o empreendedor poderá cobrar por seu produto/serviço. Valor tangível: é o que é percebido pelo cliente no próprio produto/serviço, isto é, design, usabilidade, preço. Valor intangível: são qualidades agregadas ao produto/serviço pelas atividades de marketing, como status, operação sustentável, credibilidade e outros atributos de marca.
No caso, por exemplo, de um produto que tem VALOR para o consumidor porque é mais barato, o raciocínio é o seguinte: o empreendedor teve uma ideia inovadora que possibilitou redução de custos e ganho de escala, o que permite que passe a oferecer um produto com desempenho similar aos existentes por um preço mais em conta – o segmento de consumidor a ser atendido pelo produto valoriza baixo preço e migra a decisão de compra para o seu produto recém-lançado.
No caso, por exemplo, de um produto que tem VALOR para o consumidor, apesar de ser mais caro, um dos raciocínios pode ser o seguinte: o empreendedor teve uma ideia inovadora que diferencia o design do produto e personaliza sua aplicação, além de facilitar o acesso ao bem e, por isso, apesar de os custos da operação serem equivalentes aos dos concorrentes, o consumidor do segmento-alvo valoriza tanto o benefício

> oferecido que se mostra disposto a pagar mais caro do que a média por aquele produto/serviço. Ou seja, quando a refeição é excelente (valor para o cliente), nosso amigo Rogério considera que a conta alta vale a pena – seja em um restaurante sofisticado ou despojado (ambientação sem valor).

Na prática, infelizmente, ainda existe muito empreendedor esforçado, bem-intencionado e inteligente que não se dá conta das questões relacionadas a custo, preço e valor de mercado. É aquele que, apesar de ter uma bela proposta e entrega de valor ao cliente, trabalha diariamente para lucrar menos do que poderia ou, às vezes, até perder dinheiro. Quer ver? É só observar. Temos um amigo consultor de empresas, Lucas, que estava mudando de apartamento e o novo imóvel tinha uma boa varanda que a esposa gostaria de decorar com móveis de junco estofados. Uma das exigências dela era que o espaço não ficasse atravancado com muitos móveis e muito menos com peças muito grandes: "Quero todo mundo à vontade ali, em volta da churrasqueira, com área livre até para as crianças ficarem brincando perto da gente".

O problema acabou sendo justamente esse: os móveis de junco eram lindos, caros e de tamanho padrão. Poltronas, sofás, mesas de centro e laterais tinham medidas que aquela consumidora, especificamente, considerava exageradas. De tanto procurar, ela encontrou uma fábrica de móveis de junco com peças sob medida. Ao saber disso, Lucas preparou a carteira: "Se os móveis padronizados de junco não estavam nada baratos, imagine o preço que iríamos pagar por peças customizadas para nossa varanda."

Era de se esperar que o orçamento fosse mais alto do que o dos fabricantes e revendas que já haviam sido pesquisadas antes pelo casal. Para surpresa geral, porém, o preço estava em média 40% mais em conta do que o dos concorrentes, apesar da customização das medidas e da qualidade e prazo de entrega serem similares. Nosso amigo não perdeu tempo para fechar o negócio. Mas, como bom consultor, na hora de pagar, puxou conversa com o dono da fábrica de móveis, chamado Edgar. Para surpresa dele, o dono contou que estava em dificuldade para expandir o negócio. De acordo com Edgar, para lucrar, precisava expandir a produção e vender mais. Você acha que essa visão do Edgar está correta?

@tuitando: Voltaremos a esses móveis de junco nos Capítulos 9 e 11. Será uma leitura importante.

Você percebe que esse empreendedor não estava conseguindo perceber o valor de seus produtos? Ele precificava somente a partir da Estrutura de Custos diretos e indiretos, acrescentava o percentual de margem e considerava que conquistava clientes porque conseguia praticar preços mais competitivos do que a concorrência. Esse raciocínio está correto, mas só quando o seu produto/serviço não oferece ao público -alvo nenhum outro diferencial, ou seja, nenhum outro valor.

No entanto, a customização das medidas dos móveis de junco é um diferencial muito valorizado por esse perfil específico de cliente. Nosso amigo, que preferiu pagar à vista e ainda conseguiu mais um descontinho, fez as seguintes contas: "Pelo sofá de junco que ele me cobrou R$ 1.000,00, os concorrentes dele estavam pedindo em média R$ 1.400,00 com medidas padrão, que minha mulher não queria. Quando encontramos o fornecedor com medidas personalizadas, estávamos dispostos a pagar pelo menos uns 25% a mais. Essa customização tem valor para nós. Nesse caso, o sofá que custava R$ 1.400,00 nos concorrentes devia sair por volta de R$ 1.750,00 com medidas personalizadas." Em outras palavras, o empreendedor que é dono dessa fábrica de móveis de junco não está conseguindo expandir o negócio porque, potencialmente, está perdendo 75% do valor de mercado de cada peça que produz e vende.

Preço do sofá **sem** medidas personalizadas:	R$ 1.400,00
Valor dado pelo cliente à customização:	+ 25%
Valor potencial do sofá customizado:	R$ 1.750,00
Preço do sofá **com** medidas customizadas:	R$ 1.000,00

Perda entre preço e valor: R$ 750,00 por sofá customizado

Figura 4.1 – O erro da precificação dos móveis de junco customizados

Então, se você não tiver uma Proposta de Valor bem definida e clara, vai ser difícil conseguir precificar seu produto/serviço diante do público-alvo: como determinar o preço final a ser praticado se você não souber o valor oferecido e percebido por seu segmento/nicho de clientes? E se a sua Proposta de Valor for exatamente igual à de milhares de concorrentes, à sua gestão estará limitada à guerra de preços. Isto é, se o pão de queijo que você vende é igual em tudo ao do vizinho concorrente, o único jeito de conquistar clientes é baixar o preço. Até quando sua operação suportará a redução de margem? E quando você for forçado a subir novamente o preço para empatar com o da concorrência, os clientes continuarão indo à sua cafeteria? Que razão eles teriam para isso? Só se você entregar algum outro valor a eles.

Você já ouviu falar na pipoca do Valdir? Depois de trabalhar como manobrista e jornaleiro, Valdir Novak conseguiu um ponto no centro de Curitiba ao lado da matriz e decidiu, segundo ele próprio, se tornar "o melhor pipoqueiro do Brasil". E está conseguindo. O que Valdir faz para chegar lá e se diferenciar dos milhares de pipoqueiros? Em primeiro lugar, só vende pipoca. Além disso, deu foco na qualidade do produto final, o que inclui os ingredientes e também a higiene dos utensílios, do carrinho e de seu próprio uniforme. Hoje, Valdir usa um jaleco branco com o dia da semana bordado no bolso para provar aos fregueses que também sua higiene pessoal é impecável. Com essa Proposta de Valor, Valdir foi conquistando clientes fiéis, mas não parou de ficar atento ao que os fregueses valorizam.

Um dia, viu que uma moça, depois de comer a pipoca, usou o saquinho vazio para limpar as mãos da gordura e teve mais uma boa ideia: o kit higiene. Agora, todo mundo que compra um saco de pipoca no carrinho do Valdir recebe junto um guardanapo, um sachê com fio dental e uma bala de menta para refrescar o paladar. Claro que a pipoca do Valdir é um pouco mais cara do que a dos carrinhos concorrentes, mas quem aprecia sua Proposta de Valor não a troca por outra.

@tuitando:
Pipoqueiro da era digital tem site:

Existem vários fatores que podem ser aplicados a um negócio para modelar uma Proposta de Valor: inovação, desempenho, personalização, design, usabilidade, atributos da marca, preço, redução de custo, redução de risco, acessibilidade, conveniência, entre tantos outros. Na tabela abaixo (Figura 4.2), destacamos os principais fatores que, em nossa opinião, foram aplicados na Proposta de Valor da pipoca do Valdir:

Fatores da proposta de valor do negócio Pipoca do Valdir	
Inovação	
Desempenho	■
Personalização	
Design	
Usabilidade	
Atributos da marca	
Preço	
Redução de custo	
Redução de risco	
Acessibilidade	
Conveniência	■

Figura 4.2 – Proposta de Valor da Pipoca do Valdir

Falando em pipoca, a gente logo se lembra de cinema, outro negócio bem tradicional. Tão tradicional que alguns chegaram a prever que a tecnologia para a transmissão de filmes pela internet acabaria definitivamente com as salas de exibição. Mas essa previsão fatídica estará adiada, enquanto os exibidores continuarem a apresentar novas propostas de valor ao público -alvo. É o caso, por exemplo, da rede Cinépolis, grupo de origem mexicana que atua em 8 países e está no Brasil desde 2010, com uma Proposta de Valor que soma tecnologia e sofisticação.

A maioria das salas de exibição da rede conta com tecnologia 3D e já entraram em operação também algumas em 4D, quando o espectador, além do filme em 3D, ainda sente mais de vinte estímulos físicos e ambientais (vibração, olfato, calor, neblina). Não bastasse isso, a decoração e o conforto das salas são de alto luxo com poltronas reclináveis e garçons para vender bebidas e petiscos, inclusive, a velha e boa pipoca nas versões tradicional, *light* e doce. Assim como no caso do Valdir, essa Proposta de Valor tem preço e os ingressos são mais caros do que a média cobrada nas salas de exibição comuns — além da receita gerada pelo consumo de bebidas e petiscos durante o filme. Em sua opinião, quais são os principais fatores que compõem a Proposta de Valor da rede Cinépolis? Escolhemos alguns:

Fatores da proposta de valor do negócio Cinépolis	
Inovação	
Desempenho	
Personalização	
Design	
Usabilidade	
Atributos da marca	
Preço	
Redução de custo	
Redução de risco	
Acessibilidade	
Conveniência	

Figura 4.3 – Proposta de Valor da rede Cinépolis

Na Proposta de Valor, sempre está envolvido algum tipo de inovação – o fator imprescindível para seu negócio se diferenciar dos concorrentes e passar a ser percebido e valorizado pelo público-alvo.

Nos médios e pequenos empreendimentos, em geral, essa inovação é de continuidade e não de ruptura, ou seja, é a melhoria de um produto existente ou uma nova maneira de realizar um serviço já oferecido. Um caso bem-sucedido de inovação de continuidade é o da empresa gaúcha Coza, criada em 1982 para fabricar produtos de plástico injetável com design diferenciado.

De início, os objetos de plástico eram desenhados somente para cozinha e área de serviço, mas a beleza e a funcionalidade das peças conquistaram rapidamente as donas de casa mais jovens e os produtos da marca invadiram a sala, o escritório, o banheiro, sendo atualmente mais de 200 itens em várias linhas, alguns com design premiado. A família Zatti, dona da Coza, conseguiu agregar design (valor) a objetos plásticos que, antigamente, ficavam escondidos dentro de gavetas e armários. E, embora as peças com bom design sejam normalmente percebidas como mais caras, os produtos Coza são distribuídos em grandes redes de supermercados de todo o Brasil com preços bastante acessíveis – embora superiores aos da concorrência, que continua a oferecer objetos plásticos sem apelo estético e funcional. Portanto, para você, quais são os fatores da Proposta de Valor da Coza? Confira nossa opinião abaixo:

Fatores da proposta de valor do negócio	
Coza	
Inovação	
Desempenho	
Personalização	
Design	
Usabilidade	

Atributos da marca		
Preço		
Redução de custo		
Redução de risco		
Acessibilidade		
Conveniência		

Figura 4.4 – Proposta de Valor da Coza

Especialmente no início, é mais raro que o preço baixo seja um fator relevante da Proposta de Valor de um novo empreendimento. É que as pequenas e médias empresas quase sempre têm mais dificuldade para conquistar escala e ganhar eficiência na produção por causa da necessidade de maiores investimentos em máquinas, insumos e mão de obra. Vejamos, por exemplo, o setor de refrigerantes. Esse é um mercado de massa em que os ganhos de escala e eficiência são fundamentais para a lucratividade. Daí a crescente concentração do setor com poucos fabricantes de grande porte.

Mesmo assim, não é impossível competir em preço. Há décadas, por exemplo, os refrigerantes da família Tubaína (vários fabricantes) competem no mercado com gigantes nacionais e multinacionais, praticando preços mais baixos do que a média do mercado. A primeira delas, chamada Turbaína, com "erre", foi criada na década de 1930 em Jundiaí, no interior de São Paulo, e existe até hoje, inclusive, com novos sabores, além do *tutti-frutti*. Aparentemente, a companhia mantém-se ativa, operante e lucrativa, tendo se consolidado no Segmento de Clientes que dá valor a preço mais baixo para produtos semelhantes entre si. Dessa vez, tente fazer o EXERCÍCIO, marcando na tabela os principais fatores da Proposta de Valor da Turbaína (a resposta está no rodapé da página seguinte):

Fatores da proposta de valor do negócio Turbaína	
Inovação	
Desempenho	
Personalização	
Design	
Usabilidade	
Atributos da marca	
Preço	
Redução de custo	
Redução de risco	
Acessibilidade	
Conveniência	

Figura 4.5 – Proposta de Valor da Turbaína[9]

Outra forma de incluir o preço em sua Proposta de Valor é usá-lo como chamariz, estimulando o acesso dos clientes ao seu negócio o que, potencialmente, pode gerar mais vendas. Em um bairro de classe média, em São Paulo, existe uma loja pequena de produtos para bebês. Eles vendem toda a linha: de roupinhas a fraldas, carrinhos, cadeirinhas para automóveis, tudo, tudo mesmo. Poderia ser uma loja de produtos infantis como tantas outras, ainda por cima, com a desvantagem de estar localizada em um mercado de bairro, sem visibilidade, sem ambientação especial e sem grande movimento.

O dono da loja, porém, entendeu depressa que, se quisesse sobreviver e lucrar, precisaria criar um apelo forte para atrair mais clientes e teve a seguinte ideia: passou a oferecer fraldas de todos os tamanhos, diferentes qualidades e das mais diversas marcas com preço mais competitivo do que a média da concorrência. Só que impôs uma condição: para comprar fraldas,

---

[9] Principais fatores da Proposta de Valor da Turbaína são desempenho e preço.

só com pagamento à vista – em cheque ou dinheiro. Nada de pagamento com cartão de crédito e nem em parcelas. Foi uma grande sacada: ele conseguiu negociar com vantagem a compra de um volume maior de fraldas e repassa o desconto para os clientes.

E quem tem filhos pequenos sabe: um dos maiores desafios financeiros dos pais de bebês é bancar mensalmente aquela enorme quantidade de fraldas descartáveis. Esse custo acaba entrando no orçamento doméstico como despesa fixa – não tem escapatória. Então, para esse segmento, um grande valor percebido é conseguir desconto no preço das fraldas, que serão usadas pela criança quase por dois anos. Exercitando sua empatia e capacidade de observar isso, o dono daquela lojinha de bairro passou a oferecer o que os pais mais queriam: fraldas com desconto, possibilitado pelo pagamento à vista.

Com esse apelo forte, a loja atraiu mais clientes e, efetivamente, aumentou em 35% a venda de outros itens. Pense bem: se você se deslocou até aquela loja de bairro para comprar a quantidade de fraldas do mês, não aproveitaria a oportunidade para já levar também algumas roupinhas? Afinal, os bebês crescem depressa e as roupas do mês passado já estão ficando pequenas... Usando o preço como atrativo, essa loja de bebês passou a entregar valor para o cliente. Como EXERCÍCIO, preencha os principais fatores da proposta de valor da loja na Figura 4.6 e confira a resposta no rodapé da página[10]:

Fatores da proposta de valor do negócio	
Loja de bebê	
Inovação	
Desempenho	
Personalização	
Design	

---

[10] Os principais fatores da Proposta de Valor da loja de bebês são preço e redução de custo.

Usabilidade	
Atributos da marca	
Preço	
Redução de custo	
Redução de risco	
Acessibilidade	
Conveniência	

Figura 4.6 – Proposta de valor da loja de bebês

E se a questão é redução de custos para o cliente como proposta de valor, podemos citar ainda outros tipos de empresa, como as fabricantes de painéis para a captação de energia solar (reduz contas de energia elétrica); transporte escolar (reduz custo com combustível e oferece conveniência); além do serviço de lotação em táxi aéreo (divide entre vários passageiros o alto custo do aluguel unitário de uma aeronave). Pare para pensar um pouco: na sua ideia de negócio, haveria alguma forma de você agregar valor para o cliente, reduzindo o total do orçamento mensal dele? Ou, então, reduzindo o risco? Por exemplo, as administradoras de cartões de crédito reduzem o risco de os lojistas receberem cheques sem fundos; as clínicas veterinárias que oferecem planos de saúde reduzem o risco de o cliente ter que desembolsar um tratamento muito caro para cuidar da saúde do bicho de estimação. Com essa mesma proposta, existem ainda negócios consagrados e tradicionais, como as seguradoras. No seu negócio, haveria um modo de mitigar risco para o cliente? Tente pensar "fora da caixa", livre, sem censura. Por enquanto, nenhuma de suas ideias significa custo – por mais tola ou ousada que seja. Então, divirta-se um pouco, tentando ser mais criativo e inovador.

A acessibilidade ao produto/serviço é tão valorizada pelos clientes, que, em alguns casos, já nem é mais um diferencial; é quase uma obrigação do empreendedor. Ou você considera os serviços de *drive-thru*, *delivery* e manobrista uma novidade capaz de diferenciar e agregar valor, por exemplo, à sua lanchonete? No entanto, sempre é possível inovar a partir do conhecimento do comportamento dos clientes. Recentemente, uma editora passou a instalar *vending machines* de livros de bolso nas estações mais movimentadas do metrô de São Paulo. Enquanto espera o trem chegar, a pessoa escolhe o livro na vitrine, coloca o dinheiro na máquina, pega o troco e vai lendo durante a viagem de transporte público até chegar em casa. A operação das máquinas tem baixo custo e dá acesso a livros que os leitores talvez não fossem até uma livraria para comprar.

@tuitando:
Leia mais em:

Outra proposta inovadora de acessibilidade foi a do cabeleireiro Michel Vidal: ele criou o SOS Loiras. Eventualmente, as mulheres com cabelos tingidos de loiro enfrentam problemas com o resultado da coloração, que pode deixar os fios muito ressecados e com aparência quebradiça ou mesmo com um tom final que as desagrade muito. Como algumas costumavam ligar para Michel (especialista em tingimento loiro), até mesmo nos fins de semana, pedindo ajuda com a máxima urgência, o cabeleireiro acabou criando o SOS Loiras. A cliente paga uma taxa mensal e, caso o resultado de uma coloração fique ruim, a qualquer hora do dia ou da noite, ela pode contar com Michel, inclusive, aos sábados, domingos e feriados. Essa enorme facilidade de acesso à solução do problema, claro, tem seu preço e Michel está satisfeito com o resultado que o serviço vem alcançando.

Que outros fatores você poderia usar para formatar a proposta de valor de seu negócio? Um deles é a usabilidade – quando as características tradicionais de um produto são alteradas para facilitar seu uso/aplicação. Como exemplo, lembramos aquele produto para limpar vasos sanitários com embalagem em forma de bico de pato para facilitar a aplicação; o *post-it*, que não passa de pedaços de papel que já vêm com durex; o tablet, que abole da vida das pessoas as revistas, jornais e livros impressos em papel e amplia o acesso a conteúdos editoriais; e, por fim, o Prego Líquido. Já ouviu falar? É um adesivo para ser usado em construção civil, desde grandes obras até pequenos consertos domésticos.

@tuitando:
Se você gosta de fazer consertos em casa, será útil:

Conveniência é outro fator que agrega valor sob o ponto de vista dos clientes e, por isso, oferece ao empreendedor infinitas possibilidades de inovação. Algumas já são bem conhecidas, como as redes de lojas em postos de gasolina ou os restaurantes com refeições por quilo. Entretanto, tente ir um pouco além com essa ideia de conveniência. Faça, por exemplo, a seguinte pergunta: em uma sociedade interconectada digitalmente, o que é conveniência? O site Fábrica de Casamento foi todo desenvolvido em cima dessa proposta de valor: oferecer conveniência para as noivas. Elas entram no site e baixam aplicativos de smartphones para organizar toda a cerimônia do civil e do religioso – tudo de graça. A receita da Fábrica de Casamentos vem de anúncios e da quantidade de cliques dados pelas noivas nos fornecedores cadastrados.

Se você percorreu o Mapa do Seu Negócio até aqui, formulando suas perguntas e encontrando as próprias respostas, já tem em mãos o seguinte: uma ideia que considera uma boa oportunidade, a definição de um segmento/nicho para atender e o esboço de uma proposta de valor que é desejada e será percebida por seu público-alvo. Então, continue a completar a sua tela. Pegue a folha de papel colorido referente à Proposta de Valor e preencha: escreva nela qual o valor que pretende entregar a seus clientes potenciais. Olhe as fotos que colou na folha de segmento de clientes: a sua proposta de valor é consistente com o público-alvo? Aquelas pessoas que você escolheu como representantes de seus futuros clientes reconheceriam o valor de seu empreendimento? Vão ser pessoas mais felizes quando puderem pagar por seu produto/serviço? Caso as respostas sejam positivas, vamos em frente, percorrer juntos a terceira etapa do Mapa do Seu Negócio: Canais de Distribuição.

Dicas

• Valor é o que mais importa para o cliente: se depois de experimentar seu produto/serviço, ele considerar que o preço valeu a pena, ele volta; se achar que não valeu, não volta. Simples e fácil assim.

• Tenha bem clara a diferença entre os conceitos de custo, preço e valor. Se for preciso, busque mais informações ou compre um bom livro de administração contábil.

• Pequeno, médio ou grande, todo negócio tem que ter proposta e entrega de valor percebidas pelo público-alvo. É fator essencial para a atração, geração e fidelização da demanda.

• Se o seu negócio não tiver uma proposta de valor bem clara e definida para você, que é o empreendedor, é alto o risco de o cliente também não perceber nada.

• Sem reconhecer a própria proposta e entrega de valor, o empreendedor pode trabalhar muito e lucrar pouco.

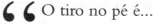

> " O tiro no pé é...
> ... não conseguir identificar o que o cliente valoriza."

Capítulo 5

Chegar até o cliente, esse é o canal!

Nessa etapa do Mapa do Seu Negócio – a definição dos Canais de Distribuição –, a pergunta a ser feita é a seguinte: como é que você vai fazer para o seu produto/serviço chegar aos seus clientes? É para isso que existem os Canais de Distribuição. São eles que ligam o seu trabalho aos consumidores. Além disso, em tempos de internet, alguns Canais de Distribuição também podem ter a função de comunicar. Por exemplo, um site de *e-commerce* também se relaciona e se comunica com o público-alvo de um negócio – especialmente, em termos de imagem e reputação de marca.

Para definir os Canais de Distribuição mais adequados ao seu negócio, você deve partir do princípio de que essa escolha tem que estar – necessariamente – em sintonia com a proposta de valor e o segmento/nicho que você pretende atuar. E, ademais, com o tamanho do investimento inicial e com sua expectativa em relação ao prazo para a obtenção de retorno. Para exemplificar e poder comparar esses critérios, vamos traçar juntos três trajetórias diferentes de modelagem de negócio, partindo de um mesmo produto: hambúrguer vegetariano.

O primeiro caso é o de Helena

Ela tem uma receita de hambúrguer vegetariano, à base de soja, que é sen-sa-ci-o-nal. Todo mundo que experimenta gosta, não só suas amigas, que valorizam muito uma alimentação saudável e vivem de dieta, mas até os amigos que continuam a gostar de uma picanha na brasa. Helena já andava recebendo encomendas espontâneas para vender hambúrgueres vegetarianos congelados. Além de gostoso, o produto é muito fácil de

> **@tuitando:**
> Leia mais sobre isso no próximo capítulo.

preparar, quando a pessoa chega em casa e está cansada depois do trabalho. As encomendas viraram um "bico" após Helena ter sido demitida – teve a ideia de transformar o Fundo de Garantia em um pequeno negócio.

Com essa ideia na cabeça e o dinheiro na mão, ela se viu diante de muitas perguntas:

Qual a proposta de valor do hambúrguer vegetariano de Helena? Alimento comprovadamente saudável, com ótimo paladar, feito e congelado artesanalmente e muito fácil de preparar pelo consumidor final – características que faziam com que até alguns não vegetarianos gostassem do produto.

Quem é seu público-alvo? Preferencialmente mulheres com idade entre 25 e 45 anos, solteiras ou descasadas, independentes financeiramente e desejosas de alimentação saudável.

Como e por quais Canais de Distribuição a proposta de valor do seu hambúrguer vegetariano deveria ser levada e entregue ao mercado? Nessa pergunta, Helena ficou meio paralisada: pareciam existir muitas opções e ela não conseguia decidir qual a mais adequada, isto é, com melhor custo/benefício para seu novo negócio.

Vamos, então, avaliar a situação junto com ela. Existem, basicamente, os **Canais de Distribuição diretos e os indiretos**. Simplificando ao máximo, **os diretos são**: loja própria, *delivery*, *e-commerce* e/ou vendedores contratados para atuar pessoalmente ou por telemarketing; e **os indiretos**: atacado e/ou lojas de parceiros de negócios (supermercados, empórios, redes de lojas). A escolha do canal de distribuição depende de um fator elementar: os clientes potenciais, ou seja, o público -alvo (segmento ou nicho) do novo negócio.

Então, qual o melhor canal de distribuição para Helena? Como a proposta de valor do produto é oferecer alimento saudável e prático para mulheres jovens e independentes financeiramente, de imediato, pensamos em algumas possibilidades:

pequenas lojas de produtos orgânicos, empórios de alimentos saudáveis e *delicatéssens* com um apelo mais alternativo, que vendam, por exemplo, pães caseiros, laticínios artesanais, conservas sem aditivos e geleias sem adoçantes artificiais. É nesses locais que as mulheres com esse perfil costumam comprar comida. Além disso, ela pode investir também em um site na internet para divulgar o produto e testar a operação de um serviço de tele-entrega de hambúrgueres vegetarianos congelados.

Essa estruturação das ideias e a avaliação prévia de critérios como proposta de valor, público-alvo e Canais de Distribuição são garantia do sucesso de Helena com sua pequena fábrica de hambúrgueres vegetarianos? Não. Mas, com certeza, ela deu mais um passo no Mapa do Seu Negócio para minimizar as incertezas e mitigar os riscos.

Milton achou até bem interessante esse exemplo da Helena

Mas o projeto dele é muito diferente, embora envolva o mesmo produto, afinal, ele não quer ser dono de uma pequena fábrica de hambúrgueres vegetarianos. Ele sonha grande e tem condições para isso: já conta com um sócio capitalista e juntos serão capazes de obter financiamento em bancos para erguer uma indústria de médio porte. Quando começa a pensar em seu negócio, já tem bem claro que, entre as funções do canal de distribuição, além de dar acesso ao produto, estão: informar, induzir e satisfazer a demanda, prestar serviços de pós-venda, trocar informações com os clientes e alavancar a comunicação da proposta de valor do produto/serviço.

Porém, apesar de as condições e expectativas financeiras de Milton serem bem diferentes das de Helena, o raciocínio lógico de empreendedor para chegar às definições do modelo de negócio será bem parecido.

Qual a proposta de valor do hambúrguer vegetariano do Milton? Entregar praticidade e preço competitivo aos consumidores vegetarianos, sem se diferenciar por ser artesanal e de consumo ecológico.

Qual o público-alvo dos hambúrgueres vegetarianos industrializados por Milton? O segmento de mercado formado por consumidores vegetarianos – mulheres e também homens – que valorizam praticidade, conveniência e preço competitivo nos alimentos.

Portanto, para o negócio de Milton, qual o canal de distribuição mais adequado? Ele definiu que a distribuição será feita nas redes de supermercados, ficando nas gôndolas lado a lado com os hambúrgueres de soja produzidos por gigantes como Sadia e Perdigão, que têm marcas consolidadas e investem pesadamente em propaganda. Por isso, sem preço bastante competitivo, é pouco provável que o produto de Milton consiga atrair clientes.

Por sua vez, a visão de Rodrigo não tem nada a ver com os modelos de negócio da Helena ou do Milton

Como também é vegetariano, na verdade, ele gostaria de estar à frente de um negócio com atuação bastante diferenciada e que servisse, além de gerar receita e lucro, como um estímulo para que mais gente aderisse à causa. Rodrigo é formado em nutrição, trabalha como voluntário em uma ONG contra o consumo de carne e já desenvolveu diversas receitas para substituir o produto por soja. Realmente, sua visão empreendedora passa bem longe de ser o diretor de uma fábrica que trabalha de segunda à sexta das 8 às 17 horas. No entanto, o ponto de partida é o mesmo: tem nas mãos uma receita excelente de hambúrguer vegetariano e sócios dispostos a investir.

Exatamente como Helena e Milton, Rodrigo estará diante das mesmas perguntas:

Qual é a proposta de valor do hambúrguer vegetariano de Rodrigo? Alimento comprovadamente saudável, com ótimo paladar e ingredientes frescos e de qualidade. A diferença é que Helena oferece aos clientes praticidade e conveniência porque não vê problema em congelar seus hambúrgueres vegetarianos. Mas Rodrigo, sendo nutricionista e com vocação para chefe de cozinha, não é muito favorável a essa ideia. Na opinião dele, os alimentos frescos são sempre mais saudáveis e saborosos.

Quem é seu público-alvo preferencial? Até por ser ele próprio vegetariano, Rodrigo sabe que esse segmento de consumidores é composto majoritariamente por mulheres entre 25 e 45 anos, solteiras ou descasadas e independentes financeiramente.

Qual será, então, seu canal de distribuição? Só de pensar em vender seus hambúrgueres vegetarianos para uma rede de supermercados como o Milton pretende, ele já se sente frustrado. Rodrigo quer abrir um negócio para vender muito mais do que hambúrgueres vegetarianos; quer, na verdade, oferecer uma experiência gastronômica prazerosa – sem carne. E, além disso, quer unir seu trabalho na ONG e usar o negócio como catalisador da mobilização das pessoas em torno da causa vegetariana.

Qual a opção dele? Vai montar uma hamburgueria vegetariana muito charmosa e moderna, em um bairro da cidade capaz de atrair mulheres jovens e descoladas na hora do almoço e no *happy hour*. Além do hambúrguer, que será o carro-chefe, o cardápio será todo vegetariano com pratos rápidos, quiches, saladinhas, sucos e algumas novidades exclusivas criadas por Rodrigo, que está empenhado também em conquistar espaço na mídia como *chef* especializado em alimentos sem carne.

Ao acompanhar e comparar a trajetória de Helena, Milton e Rodrigo, para determinar os Canais de Distribuição mais adequados a seus negócios, você conseguiu perceber que...:

1) ...é preciso conciliar a capacidade de oferta com a expectativa da demanda. Ou seja, não se recomenda a opção pelos grandes Canais de Distribuição como redes de supermercados e atacadistas aos pequenos e médios fabricantes para que o produto não corra o risco de ficar invisível nas gôndolas, incapaz de anunciar sua existência e, muito menos, comunicar sua proposta de valor.

2) ...a escolha do canal de distribuição tem que ser absolutamente coerente com a proposta de valor e o público-alvo. Ou seja, nesse exemplo, os Canais de Distribuição estão em sintonia com quem dá mais valor e, portanto, consome mais hambúrguer vegetariano saboroso, saudável e fácil de fazer, que são as mulheres solteiras ou descasadas, que trabalham fora e com idade entre 25 e 45 anos.

3) ...para escolher os futuros parceiros de distribuição – menores e diferenciados –, que sirvam de vitrine para a proposta de valor do seu produto/serviço, eles têm que estar em absoluta sintonia com o comportamento de consumo de seu público-alvo. No exemplo desse capítulo, nos locais em que fazem compras as mulheres que trabalham fora, com idade entre 25 e 45 anos e que gostam de alimentação saudável: armazéns de produtos orgâni-

cos, empórios de alimentos funcionais, *delicatéssens* e/ou lojas de homeopatia e Florais de Bach, por exemplo.

4) ...a escolha do canal de distribuição pode oferecer mais – ou menos – visibilidade a seu produto/serviço, porque também comunica sua proposta de valor ao Segmento de Clientes. Ou seja, público-alvo e canal precisam estar em sinergia para agregar valor ao posicionamento do produto/serviço.

5) ...entre as funções do canal de distribuição estão: informar, induzir e satisfazer a demanda, prestar serviços de pós-venda, trocar informações com os clientes e alavancar a comunicação da proposta de valor do produto/serviço. A determinação do canal (ou canais) de distribuição não é um detalhe; é um passo fundamental no Mapa do Seu Negócio.

Dicas

• A escolha do canal de distribuição tem que estar em sintonia com o público-alvo, com a proposta de valor e com a expectativa do empreendedor em relação ao tamanho e ao tempo de retorno sobre o investimento.

• A capacidade de investimento na produção é um fator indicativo para a escolha do canal de distribuição: pequena produção = pequena distribuição.

• Invista em seu negócio, mas não fique sem capital de giro: vai ser preciso bancar os custos operacionais do empreendimento, enquanto não houver geração de demanda e receita.

• Fuja do canal de distribuição que possa comprometer sua proposta de valor ou refaça o modelo do negócio para adaptá-lo – de modo coerente e consistente – ao público-alvo e ao valor percebido por ele.

> **"** O tiro no pé é...
>
> ...perder o equilíbrio entre o canal de distribuição e a capacidade de produção."

CAPÍTULO 6
Cabeça alerta e aberta ao diálogo

No capítulo anterior sobre a escolha dos Canais de Distribuição, fizemos questão de destacar que o ponto de venda também tem a função de informar a existência e comunicar a proposta de valor de um novo produto/serviço ao seu público-alvo. Se isso está bem entendido, vai ser mais fácil para você perceber que os Canais de Distribuição também são uma das principais ferramentas para que a empresa consiga estabelecer um bom Relacionamento com seus Clientes. Efetivamente, na hora da venda e do pós-venda, o cliente sabe do que está falando porque já vivenciou o processo de compra e/ou já experimentou seu produto/serviço.

Na área de gestão de negócios, a importância do Relacionamento com os Clientes é um conceito cantado em prosa e verso pela maioria dos consultores e livros de administração e marketing desde o início da década de 1990. Faz tempo. Eu sei, você sabe, nós sabemos, mas, lamentavelmente, ainda não são muitas as empresas – de grande, médio e pequeno portes no Brasil e no exterior – que conseguem colocar esse conceito realmente em prática para tirar o melhor proveito desse relacionamento. Ou seja, usar esse *feedback* – precioso e gratuito – para aumentar a rentabilidade do negócio.

> **@tuitando:**
> Até hoje, vale a pena ler *Abrindo a empresa para o consumidor,* livro de 1991 de Maria Lúcia Zulzke.

Se todo mundo sabe e poucos praticam, deve haver uma razão forte para isso; e há: é preciso investir tempo, empatia, observação e paciência – e, às vezes, dinheiro – para usar de modo inteligente as informações que o cliente oferece através dos canais de relacionamento com a empresa. Não é fácil. A própria rotina da gestão do negócio afasta a atenção dos administradores das questões ligadas ao Relacionamento com os Clientes. Nas grandes organizações, líderes e gerentes tendem a manter o foco nas atividades centrais do negócio, aquelas que geram receita direta e imediatamente. Como o Relacionamento com os Clientes traz inovações e pode gerar novas receitas no médio e longo prazos, no dia a dia da gestão, a tendência é encarar a área apenas como suporte. A maioria dos

@tuitando:
No Capítulo 13, voltaremos a falar dessa questão da rotina – o lado bom e o lado ruim!

executivos não gosta de admitir isso, mas, muitas vezes, é o que acaba acontecendo na prática, embora eles saibam que isso não é o melhor para a longevidade do negócio.

Quando se trata de médias e pequenas empresas, a situação não é muito diferente. A rotina à frente do próprio negócio costuma ser tão puxada que os donos alegam não ter tempo e nem energia para dar foco no Relacionamento com o Cliente. Veja se você não conhece alguém parecido com o Osvaldo, que tem um restaurante que serve refeições por quilo no centro de São Paulo.

Um dia na vida de Osvaldo

Logo às 6 da manhã, ele já está no Ceagesp comprando ingredientes mais frescos e mais baratos, porque sabe que o controle do custo e a qualidade dos insumos são estratégicos para seu negócio. Às 8 horas, está abrindo o restaurante para receber os funcionários da cozinha, que vão começar a processar os alimentos e preparar o almoço. Osvaldo fica por lá bem atento porque sabe que é preciso evitar desperdícios de ingredientes. Às 10 horas, chegam os dois funcionários que limpam, arrumam e preparam o salão e os balcões de saladas e de pratos quentes, além de deixar prontas algumas jarras de sucos naturais. Osvaldo supervisiona tudo porque sabe que, para os clientes, a higiene do salão, toalhas e talheres é um valor importante. Às 11 horas, ele abre as portas ao público e começam a chegar os primeiros clientes. Ao meio-dia, o movimento começa a aumentar e Osvaldo vai para trás do caixa, onde, além de fechar e receber as contas, fica de olho nos balcões e na cozinha: não dá para deixar bandejas vazias no balcão e nem para exagerar e desperdiçar comida pronta. Às 3 da tarde, ele fecha para o público, dispensa o pessoal da cozinha e do salão e vai cuidar da papelada administrativa. Além disso, fecha o caixa, conta o que foi pago em dinheiro e cheque, pega as contas para pagar e vai correndo ao banco depositar, pagar e convencer o caixa a trocar 100 reais em moedas para ter troco no dia seguinte. Toda vez que ele tenta dar balinhas de troco, algum cliente reclama ou faz cara feia. Às 4 da tarde, ele corre para deixar uns documentos no escritório de contabilidade porque quer conseguir ir ainda naquele dia à loja de atacado para comprar uma pequena reposição de pratos.

Como a loja estava no último dia de promoção, estava lotada de gente. Às 6 da tarde, sai de lá e volta para casa do outro lado da cidade, enfrentando um trânsito terrível. Chega cansado quase às 8 da noite, janta e cochila na frente da televisão. Desiste de ver um filme e vai para a cama, pois tem que acordar às 5 da manhã no dia seguinte para ir direto ao Ceagesp.

Com pouca variação, esse é o dia a dia do Osvaldo. O que você acha? Não dá para dizer que ele não está atento aos fatores estratégicos do seu negócio: do controle de custo e da qualidade dos insumos à luta contra os desperdícios. Também não dá para dizer que não tem preocupação com a satisfação do cliente: da higiene do ambiente às moedas para o troco. Mas, vamos olhar melhor a situação:

• Em sua opinião, Osvaldo está fazendo tudo certo e merece que seu restaurante por quilo seja bem lucrativo? Afinal, não dá para ser mais esforçado do que ele já é.

• Mesmo nessa rotina puxada, Osvaldo não poderia encontrar um jeito de conversar com os clientes?

• Você não acha que essas conversas – mesmo informais – poderiam trazer novas ideias para o restaurante do Osvaldo?

• Para você, Osvaldo devia buscar novas formas para reinventar seu negócio e lucrar mais?

• Ou, em sua opinião, restaurante por quilo é assim mesmo e não há nada mais a ser inventado?

Pela nossa vivência em empreendedorismo, conhecemos muita gente parecida com Osvaldo: muito esforço e empenho na administração diária do negócio e nada de Relacionamento com o Cliente. O fato é que isso faz que eles percam boas chances para inovar e lucrar mais. É o efetivo Relacionamento com os Clientes que dá a oportunidade ao empreendedor de captar as mudanças sutis no comportamento de seu público -alvo. Com essas informações, ele pode realimentar seu Mapa da Empatia, antecipando-se às tendências e reinventando sem parar o próprio negócio: do processo de compra de insumos ao de distribuição e venda e até mesmo as próprias características do produto/serviço. Hoje em dia, essa atitude empreendedora de abertura ao diálogo com o mercado-alvo é chamada de cocriação. Em resumo: a capacidade de uma empresa para obter a colaboração dos clientes – espontânea e gratuita – e aprimorar produtos, serviços e lucros.

Se na história do Osvaldo você achou que ele estava fazendo o melhor possível, avalie agora o caso do carioca Nelson, que também tem um restaurante por quilo. Apesar de ter uma rotina parecidíssima com a do Osvaldo, ele nunca deixou de ter em mente que o Relacionamento com o Cliente poderia trazer muitas vantagens competitivas para seu negócio. Então, ao meio-dia, quando vai para trás do caixa registrar os pedidos e fechar as contas, Nelson, às vezes fica sem moeda para dar de troco, mas não tira o sorriso do rosto mesmo quando o cliente reclama. Enquanto faz maquinalmente o processo de fechar as contas, mantém a mente alerta e aberta. E vai conversando, como quem não quer nada, com cada cliente. Em geral, ele faz perguntas rápidas do tipo:

• Hoje estava boa a comida? Do que você mais gostou?

• O quê? Estava ruim o feijão? Por quê? Alho demais?

• Não sei, ontem o bolinho de bacalhau não fez sucesso...Você provou? Estava ruim?

• Ouvi você dizer para sua amiga que está de dieta? Foi fácil fazer um prato balanceado no nosso balcão de hoje?

• O que estava faltando? Você gosta muito disso? Todo mundo gosta, é? E eu que não sabia...Vou fazer mais vezes.

• Ah, o senhor tem problemas no coração? Anda cuidando da alimentação?

• Estão faltando sobremesas *diet*, é? Está de regime ou não pode comer açúcar?

• E se eu tivesse quentinhas para você levar para casa? Você ia gostar?

Com essas conversas diárias, que nunca lhe custaram um único centavo, Nelson, usando a sua capacidade de observação e habilidade de empatia, conseguiu reinventar o próprio negócio. Contratou uma estudante de nutrição, com salário de estagiária, que ficava do meio-dia às 14 horas todos os dias, circulando pelo salão. No caixa, a cada cliente que saía, Nelson ia informando que aquela moça foi contratada por ele para orientar a alimentação dos clientes: quem quisesse alguma dica nutricional, era só perguntar para ela. Os clientes foram se acostumando com o serviço, e a maioria passou a consultar a nutricionista. Nelson também usou o conhecimento dela para colocar ao lado de cada bandeja uma plaquinha informando o valor calórico dos alimentos. Por exemplo, uma colher de arroz branco, X calorias; uma concha de estrogonofe, Y calorias. O serviço fez sucesso, a propaganda boca a boca criou fila na porta do restaurante do Nelson, que ficou famoso no centro do Rio como "o lugar mais saudável para almoçar rapidinho".

Conclusão: nós não tivemos a oportunidade de ver e comparar o balancete mensal do restaurante por quilo do Osvaldo e do Nelson, mas somos capazes de apostar que a abertura ao diálogo do nosso amigo carioca lhe rendeu um lucro melhor. Além disso, quando chega o fim de cada dia de trabalho no restaurante, a disposição de Nelson costuma ser melhor do que a de Osvaldo: mesmo chegando em casa cansado, a cabeça do Nelson está sempre fervilhando com novas ideias e possibilidades para tornar seu negócio mais competitivo, atrativo e lucrativo. Resultado: Nelson ganha duas vezes – ganha o dinheiro dos clientes e ganha também boas ideias todos os dias. Cliente feliz adora falar; cliente insatisfeito, adora desabafar – e tudo isso é colaboração para melhorar seu empreendimento. Não se esqueça disso nunca.

No início desse capítulo, afirmamos que poucas empresas conseguem tirar realmente o melhor proveito do relacionamento que estabelecem com os clientes. E é fato. Mas é verdade também que nunca vimos um empreendedor se arrepender por estar atento a isso e usar essa colaboração oferecida pelos clientes. Por isso, vamos continuar a analisar junto com você mais alguns casos bem-sucedidos de Relacionamento com os Clientes. Nosso objetivo é um só. Provar que você não tem desculpa, nem escapatória: se quiser que o Mapa do Seu Negócio seja bem-sucedida vai ter que encontrar uma forma para manter relacionamento sistemático e constante com seus clientes. E ficar com os olhos e os ouvidos bem atentos.

Vamos ver mais alguns exemplos bem-sucedidos. Um caso muito legal de "abertura de diálogo com o mercado" é o de uma rede global de roupas femininas, que adotou um processo de criação de suas coleções, usando as sugestões de suas clientes, vindas dos pontos de venda e diretamente das ruas. Em vez de tentar lançar tendências, a empresa mantém em ação uma equipe de "olheiros". Esses profissionais circulam diariamente por shopping centers, locais badalados, bares, restaurantes e têm a tarefa de observar o que as mulheres do público-alvo do negócio já estão usando. A partir desses dados, com um modelo de produção muito ágil e flexível, a empresa cria um portfólio variado de roupas novas e distribui em sua rede de lojas.

A reação das clientes no ponto de vendas é decisiva: as peças que venderem bastante e mais depressa serão produzidas em maiores quantidades. As que não tiverem boa aceitação, provavelmente, só voltarão para as araras das lojas nas vendas promocionais de virada de estação. O que não chega a preocupar, porque o estoque é baixo, já que a produção inicial foi pequena. Percebe como é o *feedback* das clientes nas ruas e nos pontos de venda que norteia a criação das novas coleções dessa rede?

E as pequenas empresas também podem fazer coisas semelhantes. Temos uma amiga, a Rebeca, que tem uma loja de roupas de grife caríssimas e, por causa disso, tornou-se especialista em relacionamento com suas clientes. Logo que abriu o negócio, sentiu um pouco de dificuldade para atrair e fidelizar as clientes. Uma característica do comportamento feminino é a busca frequente por novidades, "especialmente entre as ricas e famosas", acrescenta Rebeca. Então nossa amiga logo entendeu que tinha que estar em contato com seu público -alvo, informando todas as peças novas que chegavam à loja. E tomou algumas providências imediatas e de baixo custo: 1) no Facebook, criou uma comunidade exclusiva para suas clientes; 2) criou um blog com o nome de sua loja só para falar de grifes e celebridades; 3) pelo Twitter, envia atualizações diárias sobre as roupas de grife que as celebridades estão curtindo; e 4) passou a montar um banco de dados exclusivo com o endereço de e-mail e o celular de suas clientes.

Hoje, o esquema de relacionamento com suas clientes funciona assim: por exemplo, a cliente entra na loja e comenta com a vendedora que está comprando aquele vestido para ir a uma festa de beltrano e fulana de tal, a vendedora passa a informação para Rebeca que, no dia seguinte da festa, manda um e-mail perguntando se a cliente fez sucesso com o vestido, se a festa foi maravilhosa e se ela não teria uma foto toda produzida, cabelo, maquiagem, vestido de grife – para ser postada no blog da loja e na comunidade no Facebook. Segundo Rebeca, no começo, em média, 70% das clientes mandavam a foto. Mas, três meses depois, algumas clientes já ligavam espontaneamente oferecendo a foto para ser postada.

Além de estarem conectadas no blog, na comunidade no Facebook e pelo Twitter, a loja de Rebeca passou a ser o ponto de encontro do grupo. Todo dia acontece por lá um *happy hour* com espumante e uns canapés bem *diet* e bem gostosos. E aparecem por lá, pelo menos, umas três clientes diferentes para conversar sobre moda. Claro, todas sempre dispostas a colocar os cartões *platinum* e *black* para funcionar, acrescentando algumas peças de grife a seus *closets*. De acordo com o que nos contou, Rebeca está bem satisfeita por ter aprendido a construir bons relacionamentos com suas clientes, que agora já se sentem até amigas para sempre.

Dando um salto de volta para um mundo menos complexo do que o dos fashionistas, a gente não pode se esquecer de comentar de novo, nesse tópico sobre Relacionamento com os Clientes, do pipoqueiro Valdir, de Curitiba. No Capítulo 4, mostramos como ele vende pipoca, oferecendo o valor que era esperado e desejado especificamente por seu público-alvo. Mas o Valdir tem uma atitude empreendedora ainda mais positiva do que essa: ele retroalimenta e reinventa diariamente o seu negócio a partir do que ouve, observa e percebe diretamente em contato com cada cliente. Ou não foi por que ele viu uma moça terminar a pipoca e limpar a mão no saquinho, que acabou criando o kit higiene com guardanapo, sachê de fio dental e bala de menta? O foco do Valdir no Relacionamento com o Cliente é tão forte, que seu negócio agora já tem até cartão fidelidade: na compra de dez sacos de pipoca, o décimo-primeiro é de graça! Simples e eficiente, como seu slogan: "O sorriso é a menor distância entre duas pessoas".

Só de ouvir e observar os clientes – e com um pequeno investimento – o Alex também conseguiu incrementar o serviço de entrega de sua pizzaria. Ele havia contratado um serviço de motoboys para levar as pizzas aos clientes e exigiu que o serviço fosse o mais rápido possível. Segundo ele, quando fez esse contrato terceirizado, "uma das piores coisas era estar em casa com fome, pedir uma pizza e a entrega demorar demais." Aparentemente, estava tudo certo. Sua pizza era mesmo muito boa e, logo que abriu o serviço de *delivery*, os pedidos começaram a entrar em bom volume, aumentando já no primeiro mês a receita da sua pizzaria em 30%. "Fiz bom negócio", pensou o Alex.

Mas, depois de três meses, os pedidos de entrega começaram a escassear. Por quê? Uma característica importante do comportamento empreendedor é nunca deixar de tentar entender as alterações de comportamento dos clientes. Como ele tinha certeza de que a qualidade da pizza seguia muito boa, onde é que estava o problema? Não teve dúvidas: pegou o cadastro de clientes que já haviam feito pedidos e ligou para cinco deles a cada noite da semana – de segunda a domingo. No final, Alex tinha conversado rapidamente com 35 clientes e descobrira o que estava acontecendo.

Como a pizzaria ficava instalada em um bairro com ruas cheias de subidas, descidas e curvas fechadas, e a exigência de Alex era que toda entrega fosse rápida, os motoboys corriam para entregar depressa a encomenda dos clientes. Por telefone, Alex ouviu o seguinte comentário de pelo menos vinte pessoas: "Olha, Alex, sua pizza é mesmo muito boa, mas prefiro ir até aí para comer. Quando pedi no *delivery*, a pizza chegou em casa toda revirada. Tinha muçarela até na tampa." Ao que parece, fazendo as curvas do bairro, os motoboys estavam exagerando na pressa.

Alex entendeu que, o que lhe parecia um benefício e um valor – a entrega rápida – não podia ser mais importante do que a qualidade do produto final. Então, tomou uma decisão: contratou 3 motoqueiros próprios e exclusivos, adesivou as motos e as caçambas com a marca da sua pizzaria e uniformizou a equipe. Feito isso, comunicou aos clientes que a partir de agora a pizza chegava um pouco mais devagar, mas sã e salva. Além disso, aproveitou os motoqueiros para abrir outro canal de comunicação com os clientes: pagando um salário um pouco acima do mercado, Alex conseguiu treinar e motivar os rapazes da entrega para se tornarem "seus olhos e ouvidos" diante dos clientes. E toda segunda-feira passou a receber um relatório – bem simples e informal – com mais informações de *feedback* dos clientes a respeito do serviço de *delivery* e da pizza, claro.

Exercício
Como você vai se relacionar com seus clientes?

Agora, ao chegar ao fim da leitura desse capítulo, você deve voltar a encarar a tela do Mapa do seu Negócio. Tomara que tenhamos atingido nosso objetivo: convencer você de que o Relacionamento com o Cliente – por canais formais ou informais, simples ou complexos, caros ou baratos – é imprescindível para que seu negócio entre em um círculo virtuoso de inovação contínua. Em caso afirmativo, vamos seguir em frente com mais um exercício.

1) Repasse mentalmente as etapas anteriores do Mapa do seu Negócio: Segmento de Clientes, Proposta de Valor, Canais de Distribuição.

2) Pense e veja se todas as etapas continuam a lhe parecer coerentes, consistentes e em sintonia entre si. Há contradições?

3) Olhe para as fotografias que você colou na folha de Segmento de Clientes.

4) Responda a seguinte pergunta: no seu negócio, como é que você vai fazer para começar, manter e estimular o Relacionamento com os Clientes?

5) Essa é uma resposta que surge com naturalidade para você, como no caso do Nelson e do Valdir, que são empreendedores com esse traço de personalidade mais amigável e acessível?

6) Ou a resposta é mais difícil, você demora mais para pensar em alternativas de Relacionamento com o Cliente, como no caso do Osvaldo?

7) Se você se identifica mais com o comportamento do Osvaldo, não se preocupe. Cada pessoa tem suas habi-

lidades e a de relacionamento pode ser desenvolvida como qualquer outra.

Agora que você já se autoavaliou, respondendo a essas perguntas, volte lá na folha de papel colorido de Relacionamento com o Cliente e complete a seguinte frase: "No meu negócio, minha atitude será sempre alerta e aberta ao diálogo. Vou me relacionar com cada cliente usando todos os dias... (complete enumerando as atitudes e os canais)".

Dicas

• No canal de distribuição acontece a hora da verdade da venda e da pós-venda: o cliente vivencia o processo de compra ou está voltando porque já experimentou seu produto/serviço.

• Todo mundo sabe que o relacionamento com os clientes é importante, mas poucos negócios – grandes, médios ou pequenos – conseguem efetivamente colocar isso em prática. A principal desculpa é a falta de tempo: fuja dessa armadilha.

• O cliente é a única pessoa que pode lhe contar como, onde e porque seu produto/serviço pode melhorar e ser reinventado todos os dias para estar sempre à frente da concorrência.

• O empreendedor que mantém a cabeça alerta e aberta para ouvir o cliente costuma lucrar mais – e ser mais feliz.

• O relacionamento com os clientes é um círculo virtuoso: ele conta o que gosta e não gosta; você aprimora o seu negócio; e o cliente volta satisfeito para comprar de novo.

❝ O tiro no pé é...
... não conseguir 'ouvir' o que o cliente tem para dizer."

CAPÍTULO 7
Onde está o dinheiro?

No Mapa do seu Negócio, chegou a hora de falar em ganhar dinheiro. Todo mundo que abre uma empresa tem o objetivo de lucrar, é claro. Mas, por mais óbvio que possa parecer – e é –, muita gente inicia o próprio negócio sem parar para pensar antes COMO vai fazer para ganhar dinheiro. A maioria segue em frente considerando que a geração de receita se resume a uma simples troca: entrega o produto/serviço e, em contrapartida, recebe o dinheiro do cliente.

Será que é tão simples assim? E se você quiser ampliar o negócio? Basta aumentar o volume de entrega para passar a receber em troca mais dinheiro? Muita gente boa já ficou no meio da estrada do empreendedorismo por ter essa visão restrita das possibilidades alternativas de geração de receitas de um negócio. É desse tema, justamente, que vamos tratar nesse capítulo. Mas, antes, há um assunto que também precisa de atenção: qual é a sua relação com o dinheiro? Não se esqueça de que o autoconhecimento é uma ferramenta muito importante para o empreendedor.

No Capítulo 5, quando tratamos sobre a definição dos Canais de Distribuição, usamos como exemplos as histórias de Helena, Milton e Rodrigo. Os três empreendedores queriam produzir e comercializar hambúrgueres vegetarianos, mas tinham definido segmentos e propostas de valor bem diferentes um do outro, o que acabou resultando também na escolha de Canais de Distribuição diversos. Será que, quando você leu aquelas três histórias, passou por sua cabeça que esses três empreendedores – partindo do mesmo produto – estão estruturando modelos de negócios tão diferentes um do outro também porque cada um deles tem uma relação diferente com o dinheiro? E ainda um diferente grau de ambição?

Helena foi demitida da empresa em que trabalhava há muitos anos e, usando o Fundo de Garantia, quer seguir adiante com um pequeno negócio artesanal e doméstico para substituir

> **@tuitando:**
> Sua ideia de negócio é "toma-lá-dá-cá" e pronto? Onde está o dinheiro? Pense!

> **@tuitando:**
> Você saberia dizer agora qual é a sua real ambição? Quanto dinheiro quer ter?

o salário que recebia antes como funcionária. Se ela atingir esse objetivo em um ano de operação, estará satisfeita. Milton já conta com um sócio capitalista e, quando começa a projetar o negócio, já vai falando em investir e lucrar milhões. Por sua vez, mais do que lucrar e ampliar sua hamburgueria vegetariana, Rodrigo ambiciona conquistar visibilidade e credibilidade no mercado. De novo: não tem certo e não tem errado. Cada pessoa é de um jeito, só isso.

Mas o empreendedor tem que saber qual é o seu jeito antes de abrir um negócio. Por quê? Porque, depois de dez anos batalhando à frente da empresa, você não vai querer, finalmente, descobrir que está insatisfeito e infeliz. Existem, sim, pessoas para quem o lucro e o dinheiro não são sinônimos de satisfação e realização. Por exemplo, se Rodrigo não conquistar também visibilidade e credibilidade entre o público-alvo vegetariano, é bem provável que fique frustrado. Por outro lado, existem pessoas que têm como objetivo de vida ganhar muito dinheiro – e é isso que as move para o empreendedorismo. E você? Quando pensa em seu negócio, como você se sente em relação a lucro e dinheiro? Quais são suas ambições mais essenciais?

Exercício
No divã: qual sua relação com o dinheiro?

Esse é um exercício de reflexão para ajudar você a identificar com mais clareza o tipo de relação que mantém com o dinheiro e quais são suas outras ambições. Leia as frases abaixo e, com a máxima sinceridade, faça sua autoavaliação:

- O dinheiro não traz felicidade.

- Se eu gastar, vai me faltar!

- É preciso suar muito para ganhar meu rico dinheirinho.

- Adoro dinheiro!

- O dinheiro é parte importante da minha busca por felicidade.

- Dinheiro é segurança.

- O dinheiro é sujo.

- Somente o pobre vai para o céu!

- Dinheiro me traz tranquilidade!

Agora, escreva algumas crenças que você tem em relação ao dinheiro. Seja honesto!

Reflita: como está sua relação com o dinheiro? É muito importante você ter consciência disso. Um empreendimento capitalista precisa dar lucro. E o empreendedor necessita ter uma relação positiva com o dinheiro. Se você tem algum incômodo em relação ao assunto, pare e reavalie suas crenças. É muito importante não sofrer com isto!

Depois de feito esse exercício de reflexão e autoconhecimento, cole suas respostas mais sinceras na folha colorida referente ao quinto passo do Mapa do seu Negócio: Fontes de Receitas. Assim, toda vez que pensar em receita e lucro, vai ser estimulado pelo tamanho real das próprias ambições.

Bom, como agora você já tem uma noção mais nítida da sua relação com dinheiro, vamos seguir adiante com o tema desse capítulo: Fontes de Receita. Pela introdução que fizemos, você já deve ter percebido que não concordamos com a ideia de que as possibilidades de receita de um negócio limitam-se à relação de troca do produto/serviço pelo pagamento dos clientes. Na verdade, nem mesmo os indivíduos têm uma única possibilidade para ganhar dinheiro. Há vários tipos de exemplos para ilustrar isso.

Quando uma modelo fica famosa, especialmente se o reconhecimento de sua imagem for internacional, ela continua a ganhar dinheiro apenas desfilando ou fotografando? Não, claro que não. A Gisele Bündchen, por exemplo, é contratada para estrelar campanhas publicitárias milionárias no Brasil e no exterior. A Ana Hickmann, depois de modelo, tornou-se apresentadora de televisão e hoje licencia produtos com seu nome – biquínis, óculos, roupas e até cosméticos. Os jogadores de futebol formam outro grupo profissional que aprendeu a gerar receita sem entrar em campo: de Pelé a Neymar, ninguém duvida disso.

Não são apenas os profissionais famosos que podem ter fontes alternativas de receitas. O Iuri trabalha há dez anos em uma consultoria como profissional de TI; é o responsável pela área de *help-desk*. Os consultores saem a campo para trabalhar nas empresas clientes e precisam de contato remoto com a matriz. Essa comunicação tem que ser ágil e ininterrupta. Cada vez que a conexão falha é uma gritaria, porque o trabalho dos consultores é interrompido. Mas o Iuri está sempre lá, bem disposto e pronto para resolver o problema o mais depressa possível. Ao longo dos anos, ele conquistou a confiança de todos e, hoje em dia, presta serviços *freelance* para eles nos fins de semana. Quando um consultor não consegue colocar os micros de casa em rede, chama o Iuri. E lá vai ele, seja sábado ou domingo, ganhar uma receita extra.

O caso do Iuri é parecido com o de uma amiga jornalista, Renata, que trabalha há quinze anos em jornais e revistas e ficou conhecida por ser trilíngue e ter um bom texto. Quando há alguns anos uma editora pediu a ela para que fizesse a tradução de um livro, ela aceitou e foi remunerada pelo trabalho, claro. Continuou prestando esse serviço e, hoje, ela nem sabe se é mais jornalista ou mais tradutora porque gera receita mensal com as duas habilidades. Você conhece alguém que é capaz de criar para si mesmo novas alternativas para ganhar dinheiro? Como essa pessoa encontrou essa alternativa? Como ela faz? A chave nessas perguntas é a palavra COMO. Ou seja, ganhar dinheiro todo mundo quer, mas antes é preciso saber COMO.

Pense um pouco sobre essa ideia e tente extrapolá-la para o universo empresarial. Por exemplo: o atual e já bem tradicional sistema de franquia, quando foi regulamentado no Brasil no início da década de 1990, era uma fonte inovadora de receitas. Veja: o fulano de tal criou um negócio e desenvolveu uma metodologia de gestão e operação que se tornou bem-sucedida. Como ele tem um grau elevado de ambição, esse empreendedor deseja ter uma rede com várias filiais. Só que, para fazer isso, existem três opções: 1) contar com capital próprio; 2) buscar capital nos bancos; ou 3) oferecer ao mercado um sistema de franquia. Na terceira opção, o franqueado entra com o capital necessário para abrir a filial; o franqueador expande a empresa e seu negócio passa a contar com mais uma fonte de receita – que pode até se tornar a principal.

Outro exemplo: o conceito de "assinatura mensal", praticado no setor editorial em todo mundo, pelo menos desde o século XIX, foi transportado para outras áreas empresariais como forma de gerar mais receita. É assim que as fabricantes de elevadores conseguiram contar com duas – ou até três – Fontes de Receita: vendem os elevadores para as construtoras e oferecem "assinaturas mensais" de prestação de serviços de manutenção para os condomínios comerciais e residenciais. Isto é, com o pagamento de uma mensalidade, síndicos e administradores podem chamar, sempre que necessário, o serviço de manutenção de elevadores oferecido com a credibilidade do próprio fabricante. Além disso, dependendo do tipo do contrato "de assinatura", as peças de reposição dos elevadores podem se tornar uma terceira fonte de receita para a fábrica, única a fornecer componentes originais.

Pare para analisar o Mapa do Seu Negócio até aqui e faça a seguinte pergunta: é realmente o seu cliente quem tem que pagar para comprar e usar o seu produto/serviço? Quem poderia pagar no lugar dele? Que características a sua empresa tem no Relacionamento com Cliente que poderiam render receitas alternativas? No século XXI, em tempos de sociedade digital 2.0, as possibilidades de geração de novas receitas se multiplicam. Por exemplo, ao se cadastrar e utilizar a rede social profissional do LinkedIn, o usuário não paga nada: a pessoa publica lá gratuitamente todas as informações sobre carreira, formação acadêmica, experiências profissionais e até os dados de contato. O site, apenas no Brasil, já conta com milhões de usuários.

O cliente do LinkedIn só paga se quiser utilizar serviços diferenciados da plataforma, não para simplesmente publicar o currículo e navegar. Então, quem paga para que toda aquela infraestrutura tecnológica seja mantida funcionando? E ainda haja lucro crescente? Contando com a audiência cativa dos usuários, o site do LinkedIn vende anúncios. Isso não chega a ser novidade. Mas as características mais específicas dessa rede profissional estão sendo capitalizadas em favor do negócio. A proposta de valor do LinkedIn inclui o fato de que, por ser uma rede focada no relacionamento profissional, as pessoas cadastradas têm receita e formação educacional acima da média da população. Então, o preço final dos anúncios no LinkedIn deve, com certeza, refletir essa entrega de valor.

Mas eles encontraram ainda outro modo de fazer dinheiro com a plataforma. Vendem assinaturas de serviços para os departamentos de Recursos Humanos de grandes empresas. Quando é preciso recrutar um novo profissional no mercado, uma das fontes de busca pode ser o LinkedIn – e as empresas pagam para usar esse serviço. Somando a receita gerada pelos anúncios à da prestação de serviço de busca de candidatos para as empresas e à dos eventuais clientes finais que queiram usar serviços diferenciados, a plataforma não precisa cobrar mais nada dos usuários cadastrados – e lucra mesmo assim.

> **@tuitando:**
> Veja, na bibliografia, o endereço eletrônico de uma boa entrevista do diretor do LinkedIn no Brasil.

E então? No seu projeto empreendedor, quais podem ser as fontes alternativas de receita? COMO você pode fazer para gerar mais dinheiro a partir das próprias características do negócio? Bom, pode ser que, neste capítulo, você esteja achando o tema muito complexo, sofisticado. Até aqui, estivemos falando só sobre grandes empresas, fabricantes de elevadores, sistemas de franquia, negócios digitais globalizados... Então, vamos mudar o rumo da conversa. Daremos a seguir alguns exemplos de fontes alternativas de receita encontradas por empreendedores "gente como a gente", que estão à frente de pequenos e médios negócios.

Uma boa história é a do Evandro. Nascido em uma família com avós e pais feirantes, ele e os três irmãos foram criados até o fim da faculdade com o dinheiro ganho na batalha diária em uma banca de frutas. O pai sempre deixou que os filhos ajudassem um pouco na banca, mas fazia questão que todos estudassem a sério até concluir a faculdade. Com a experiência acumulada em duas gerações de feirantes, o pai de Evandro tocava o negócio muito bem. Sabia comprar com preço, qualidade e variedade e conseguiu colocar sua banca nas melhores e maiores feiras livres de São Paulo. Evandro era o caçula e, assim que se formou em publicidade e propaganda, o pai achou que sua missão estava cumprida.

Nessa época, Evandro trabalhava em uma agência de propaganda na área de planejamento e atendia a conta de uma produtora de alimentos orgânicos. Criaram a proposta de valor da empresa, a logomarca, as embalagens recicláveis... e, nesse meio de tempo, Evandro teve acesso a pesquisas de mercado relacionadas ao consumo de alimentos saudáveis. Tinha muita informação na cabeça: sabia que essa era uma tendência forte e que o mercado de alimentos saudáveis, orgânicos e funcionais continuaria em expansão. Quando o pai começou a falar em se aposentar e acabar com a banca, o caçula não gostou da ideia. Afinal, a família já tinha quase setenta anos de *know-how* na comercialização de frutas – um alimento dos mais saudáveis.

Será que não seria possível encontrar uma fonte alternativa de receita? Modernizar o negócio e aliviar a carga de trabalho para os pais? Será que ele mesmo, Evandro, não poderia aprender mais sobre frutas e assumir a frente do negócio? Quando conversou com os irmãos (um contador, um advogado

Ponha a cabeça para funcionar!

Antes de seguir em frente com a leitura para saber qual foi a ideia de negócio que Evandro modelou, tente encontrar uma nova proposta de valor utilizando as mesmas circunstâncias:

1) Família com grande *know-how* em comercialização de frutas;
2) Você tem conhecimento teórico e prático em planejamento de marketing;
3) Você teve acesso a pesquisas de mercado sobre hábitos de consumo de alimentos saudáveis;
4) Você pode ir observar o comportamento dos consumidores na barraca dos seus pais nas feiras aos sábados e domingos.

Com esses quatro elementos em mãos, como você remodelaria o negócio da família?

e um engenheiro) e os pais, todo mundo achou que Evandro estava querendo um milagre: há sete décadas, a banca sempre foi a mesma, uma boa fonte de receita para a família. Mas era só isso e, na opinião deles, já estava chegando a hora de parar.

Evandro não falou mais no assunto, mas não desistiu. Aos sábados e domingos, voltou a ir à feira com os pais. Só que agora estava com a faísca empreendedora acionada. Passou uns meses cumprindo o ritual: ia à feira, conversava com os clientes, ouvia muito e circulava pelo bairro para entender melhor o perfil dos moradores. Em resumo, estava com a empatia e a observação aguçadíssimas. Em uma dessas circuladas, caiu a ficha. O que o bairro da feira de sábado tinha em comum com o da feira de domingo? Os dois tinham moradores de bom poder aquisitivo, os imóveis eram predominantemente residenciais e havia ainda algumas casas menores que, hoje em dia, são ocupadas por pet shops, lavanderias, restaurantes, cafeterias e... clínicas de emagrecimento e nutrição. Na opinião de Evandro, ali estava a resposta para encontrar a fonte alternativa de receita para a banca de frutas.

Bom comunicador, preparou uma bela apresentação em *Power Point*, descobriu os dados de contato dos profissionais de nutrição das clínicas daqueles dois bairros e conseguiu marcar as primeiras reuniões. E lá foi ele apresentar sua ideia, por fim, muito simples. Ao iniciar a dieta de reeducação alimentar e/ou emagrecimento com uma das nutricionistas da clínica, o paciente passaria a receber semanalmente em casa a cesta de frutas prevista na alimentação para os próximos sete dias: tudo já lavado, picado, nas porções certas e com desconto no preço *premium* pelo serviço entregue por Evandro. Para a clínica, esse é um fator de diferenciação no Relacionamento com os Clientes, que, por sua vez, passam a dispor semanalmente de alimentos saudáveis com toda a comodidade e conveniência. E para Evandro? Uma ótima fonte alternativa de receita.

> **@tuitando:**
> Esse é o conceito do "toma-lá-dá-cá", o qual tratamos antes, que você deve evitar como empreendedor.

Depois que a primeira clínica fechou contrato – e foram vários meses de conversas sem que Evandro desistisse da ideia –, o novo negócio começou a deslanchar. Os pais voltaram a se entusiasmar com as possibilidades da banca de frutas, especialmente naqueles dois bairros que concentravam uma fatia maior do público-alvo. Contrataram uma nutricionista para fazer plantão na banca nas feiras aos sábados e domingos. O cliente que quisesse podia receber uma explicação detalhada sobre o consumo funcional de frutas e, às vezes, até ganhar umas receitas de tortas, saladas e doces. Essa mesma nutricionista, chamada Marli, foi quem deu outra ideia ao Evandro: será que ele já tinha pensando em fazer algum tipo de convênio com as empresas de planos de saúde? Ao assinar contrato, os clientes dos planos mais caros poderiam receber em casa uma bonita cesta de frutas para "dar início a uma relação saudável". Nessa ideia, Evandro ainda está pensando...

E já que estamos falando em frutas, vamos contar também a história do Juvenal, que era presidente de uma associação no interior de São Paulo, reunindo os maiores plantadores de caqui rama forte do Estado. Mais do que as condições meteorológicas e o aumento da produtividade – que andavam, felizmente, muito boas – ele estava preocupado com o desperdício. Cerca de 30% dos frutos colhidos têm pequenos machucados e manchas que impedem que sejam comercializados. Esses caquis não estão estragados; apenas não podem ser colocados em caixas que serão vendidas a preço *premium*. Uma pequena parte ainda podia ser destinada à venda, mas por preço bem inferior. O fato é que o desperdício estava em torno de 20%, e o Juvenal não se conformava. Era muito caqui jogado fora sem gerar receita para os plantadores.

Incansável, foi buscar informações e descobriu que, depois do morango, o caqui tem ótima aceitação visual e de paladar para ser usado em doces, tortas e pães. Então, os caquis machucados poderiam se tornar, finalmente, uma nova entrada de dinheiro para os plantadores – ele já tinha certeza disso. Mobilizou o pessoal da associação e conseguiu fazer parceria com a regional do Sindicato das Padarias. Primeiro, realizaram um concurso de receitas que integrassem o caqui às preparações. Depois de entregues os prêmios aos vencedores, publicaram uma apostila com as melhores receitas e as duas entidades assinaram um acordo: os plantadores de caqui passariam a fornecer a fruta com desconto para todas as padarias sindicalizadas. A iniciativa, apesar de muito simples, atingiu o objetivo: gerar nova fonte de dinheiro para os plantadores a partir de caquis que eram jogados – literalmente – fora.

Pense antes, pense agora: COMO fazer para que o seu negócio não fique dependente de uma única fonte de receita? A visão limitada àquele tipo de transação comercial "toma-lá-dá-cá" aumenta os riscos e as incertezas a que o empreendimento fica exposto. Mesmo que não seja viável abrir a empresa, já contando com diversas fontes alternativas de receita, não perca essa ideia de vista. Nunca. Esforce-se ao máximo para ser criativo e inovador ao refletir nessa quinta etapa do Mapa do Seu Negócio. Encerrado o exercício, ao lado das ambições mais profundas que você já colou lá na parede, anote na folha colorida referente a Fontes de Receita as ideias e possibilidades que conseguiu identificar para sua empresa. Pode estar certo de que, mais cedo ou mais tarde, isso vai ser muito útil na sua vida de empreendedor.

Dicas

• No Mapa do Seu Negócio, como você poderia criar Fontes de Receita diferentes da tradicional?

• Quais são as caraterísticas do seu negócio que poderiam se tornar fontes alternativas de receita?

• Não fique escravo de uma única fonte de receita. Dê a si a liberdade de refletir e buscar alternativas.

• Individualmente, nem os profissionais deveriam ficar dependentes de uma única fonte de receita. Já viu modelo famosa ganhar dinheiro só desfilando ou fotografando?

• Faça um exercício de autoconhecimento: qual é a sua relação com o dinheiro? Quais são suas ambições mais essenciais? E, além disso, aprenda a não confundir ambição com ganância.

---

6 6 O tiro no pé é...

...ignorar as alternativas de receita do próprio negócio."

CAPÍTULO 8
Questões óbvias, mas fundamentais

Ao cumprir cada uma das nove etapas do Mapa do Seu Negócio, você vai, pouco a pouco, refinando a sua visão empreendedora. No final do processo, o objetivo é que você consiga ter em mente – e em mãos – um projeto capaz de enfrentar, com mais chances de sucesso, os riscos e as incertezas que virão pela frente. Como chegou até aqui, você já deve ter analisado e definido o seguinte sobre sua futura empresa: 1) segmentos/nichos de clientes; 2) proposta de valor; 3) Canais de Distribuição; 4) formas de Relacionamento com os Clientes e 5) Fontes de Receita, inclusive, as alternativas presentes e futuras. Estamos um pouco além da metade da sua trajetória, já que falta ainda passar por mais quatro etapas.

Portanto, este é o momento ideal para você duvidar um pouco de tudo aquilo que acredita que JÁ SABE sobre seu futuro negócio. A maioria das pessoas prefere conviver com a sensação de ter certeza de tudo e de estar no controle da situação. Esse sentimento pode ser muito confortável, mas não é o mais produtivo para quem está pensando em abrir uma empresa – simplesmente porque não é realista.

Para aumentar as possibilidades de sobrevivência do negócio diante de riscos estimados e incertezas desconhecidas, o empreendedor só conta com sua estratégia. Lembra que tratamos disso no Capítulo 1? Se não lembra mais, releia. É melhor não esquecer que, como empreendedor, você nunca terá o controle absoluto da empresa e muito menos do cenário que a cerca. Sendo assim, pausa para duvidar um pouco. Agora é a hora certa; enquanto você está na preparação, treinando para fortalecer a musculatura de empreendedor, e seu dinheiro ainda não está posto em jogo!

> **@tuitando:**
> Nenhuma empresa está livre de riscos e incertezas, certo? Sua estratégia é sua sobrevivência.

Exercício
Dúvidas na mesa

Sempre que for exercitar a dúvida, tente se colocar, ao mesmo tempo, em duas posições antagônicas. Responda as perguntas a seguir como se fosse o advogado de defesa e o de acusação do seu projeto empreendedor. Coloque outra vez todos os prós e os contras na mesa e reavalie tudo.

• O setor que você escolheu é o que pode oferecer as melhores oportunidades no atual cenário? E daqui a dez anos?

• O segmento/nicho que pretende atender já é suficiente e empaticamente conhecido por você? Você entende os hábitos, comportamentos, preferências e processo de decisão de seus futuros clientes?

• Sabe o que seus futuros clientes mais valorizam em um produto/serviço? A proposta de valor de seu negócio está coerente com isso?

• Onde estão os seus clientes? Onde eles fazem compras de produtos/serviços similares ao que você pretende oferecer?

• Como você pretende fazer seu produto/serviço chegar até as mãos de seus futuros clientes? Qual é o meio mais simples e mais barato de oferecer acesso a seus clientes?

• Como seu negócio vai se relacionar com os clientes para informar a existência do produto/serviço e também para aumentar a geração de demanda?

• Como é que você pretende ganhar dinheiro? Só vendendo seu produto/serviço e recebendo o pagamento? Quais são as fontes alternativas de receitas – agora e futuramente?

Se você não soube responder uma única dessas perguntas ou se vacilou um pouco diante de todas elas, nós sugerimos que dê um passo atrás em sua trajetória. Por que não? Qual é o problema? Ao contrário do que você pode achar, duvidar não é sinal de insegurança. É preciso ter muita coragem para duvidar e sair do conforto das certezas. É a hora de abrir bem os olhos para enxergar: o que está faltando? Qual fator ainda não está em harmonia com a soma de suas ideias? Onde está aquilo que às vezes se esconde por trás da própria obviedade? Faça esse tipo de exercício se tornar um hábito em sua trajetória empreendedora.

@tuitando: Quem aprende a duvidar antes, segue em frente mais seguro.

As chaves do negócio

Neste capítulo, decidimos tratar simultaneamente de dois fatores do Mapa do seu Negócio: Atividades-chave e Recursos Principais. Para chegar a um projeto de negócio coerente e consistente, os nove elementos do projeto devem estar em sinergia. Ou seja, cada um dos fatores dá sua contribuição e reafirma o valor entregue aos clientes. Consideramos, no entanto, que a definição das Atividades-chave e dos Recursos Principais de seu negócio mantêm uma inter-relação ainda mais forte entre si. Afinal, é a partir das Atividades-chave que você vai conseguir definir quais são os Recursos Principais para manter seu negócio operacional e lucrativo.

Em outras palavras, só quando você sabe o que TEM QUE FAZER é que pode determinar quais são OS RECURSOS imprescindíveis para exatamente aquilo ser realizado. Está certo, você tem toda razão, o raciocínio é de uma obviedade enorme. Só que o óbvio, às vezes, justamente porque é óbvio demais, escapa dos nossos olhos, se esconde da nossa capacidade de percepção e discernimento.

Quer ver? Você já não viu ou ouviu alguém virar para o chefe e dizer cheio de certeza: "Vou precisar de mais cinco pessoas na equipe para passar a realizar tal atividade"? Na maioria dos casos, quando há verba disponível, o chefe autoriza as contratações. Quando o dinheiro está mais curto, a situação entra em um dilema: o funcionário alega que não consegue dar conta da nova atividade de sua área porque está com pouca gente e a empresa, que já andava mal de capital de giro, não consegue viabilizar a operação da nova atividade para rentabilizá-la junto aos clientes. Até parece que só é possível gerar nova receita se for feito um novo investimento na empresa. Às vezes é assim, mas nem sempre.

Esse tipo de situação acontece, muitas vezes, não por má intenção ou por desconhecimento técnico dos profissionais. Pela nossa experiência, a maioria dos casos é resultado da tomada de decisão sob a pressão do tempo. Se, naquele episódio, o chefe e o funcionário tivessem a oportunidade de parar para refletir um pouco mais, poderiam chegar à questões interessantes:

1) A nova atividade da área é chave para a operação e a lucratividade do negócio?

2) Poderia ser terceirizada com custos reduzidos para a empresa?

3) A terceirização da atividade poderia comprometer o resultado final alcançado pela empresa?

4) Ao realizar essa nova atividade, que outras tarefas deixarão de ser feitas pelos funcionários daquele departamento?

5) Ao realizar essa nova atividade, que outros departamentos da empresa deixarão de realizar alguma tarefa?

6) Vamos colocar no papel cada uma das tarefas necessárias para a realização da nova atividade como um todo. O processo é longo? Demanda quantas horas de trabalho por dia? O processo poderia ser reduzido? Como?

7) Com um processo bem enxuto para a realização da nova atividade, quantos funcionários novos serão necessários? Ainda cinco? Com qual formação? Que faixa salarial?

Se você trabalha hoje em uma empresa – grande, média ou pequena – já deve ter visto algo parecido acontecer. Ou seja, decisões tomadas sem o necessário tempo de reflexão. Nesse caso específico, a contratação de mais cinco funcionários (recursos mobilizados) antes da definição exata do que será realizado por eles e qual a importância das novas tarefas para o negócio (atividade-chave). Outro dia, fomos visitar um grande fabricante de bebidas gaseificadas, e o diretor que nos recebeu, depois de mostrar a área de produção, falou um pouco sobre o modelo de gestão da empresa. Ele estava bastante satisfeito porque, naquela semana, estavam conseguindo implantar um protocolo prévio à solicitação de contratações ao Departamento de Recursos Humanos. Na verdade, um questionário de perguntas prévias para que o gestor conseguisse identificar com mais clareza O QUE vai fazer o novo funcionário e, portanto, QUE COMPETÊNCIAS ele já deve trazer para a organização. Óbvio, não é? Olha, só quem já trabalhou ou trabalha em uma empresa e conhece bem as entranhas de um negócio é capaz de admitir como o óbvio escapa diariamente de todos nós.

Acontece que perder o óbvio de vista – embora aconteça com todo mundo – é uma grande armadilha para quem pretende começar um empreendimento. Você já consegue enxergar nessa etapa quais serão as Atividades-chave de sua empresa? E quais os Recursos Principais para realizá-las? Vamos olhar juntos para alguns negócios já consolidados para identificar mais claramente a ideia de Atividades-chave e Recursos Principais.

Por exemplo, qual é a atividade-chave de um grande banco de varejo? Realizar transações financeiras locais, regionais e globais, lucrando com o *spread*. Quais são os Recursos Principais para realizar isso? Até a década de 1980, uma rede capilar de agências e milhares de funcionários na frente dos caixas. No século XXI, um dos Recursos Principais de um grande banco de varejo passou a ser um sistema de TI altamente confiável e estável. Ou você fica tranquilo de ser cliente de um banco cujo sistema vive fora do ar? Portanto, atualmente, para manter a atividade-chave operacional e lucrativa, um grande banco de varejo deve investir mais em seu sistema tecnológico e em sua equipe de profissionais de TI do que na rede física de agências. Não é que as agências bancárias tenham deixado de ter importância, mas mudaram de função: mais do que viabilizar a operação, a rede hoje materializa para os clientes do banco a confiabilidade e a credibilidade oferecidas pela virtualidade do sistema de TI.

Ainda no universo da alta tecnologia, vamos aplicar o mesmo raciocínio ao LinkedIn. Quais são as Atividades-chave da empresa? Manter milhões de pessoas em todo o mundo conectadas virtual e simultaneamente em uma rede profissional. Só que isso não gera receita nenhuma por si só. Então, há outra atividade-chave? Sim. Comercializar anúncios e serviços a partir da conquista dessa enorme e qualificada audiência diária, como já descrevemos no Capítulo 7. Quais são os Recursos Principais para atender essas Atividades-chave? Manter a plataforma tecnológica do LinkedIn em operação constante. Quantas vezes você volta a navegar em um site que fica fora do ar com frequência? Se você e outros tantos milhões de pessoas deixarem de navegar todos os dias no LinkedIn, a empresa poderá comercializar serviços e anúncios? Não. Então, os Recursos Principais do LinkedIn são a qualidade operacional da plataforma e o conhecimento dos profissionais que a mantém operacional e tecnologicamente atualizada. Se você fosse dono desse negócio, em que investiria mais: na estrutura de TI ou na administrativa?

Das grandes às pequenas empresas, esse raciocínio, embora simples, é importante para ajudar a nortear decisões, principalmente, as de investimentos e também as de cortes de custos, como veremos no Capítulo 10. Waldemar, hoje dono de uma frota de táxis, aprendeu isso na prática, vivendo os problemas no dia a dia. Há 25 anos ele perdeu o emprego em uma montadora e decidiu virar autônomo. Foi dirigir um táxi de frota. Jovem, solteiro e morando sozinho em São Paulo, estava decidido: ia juntar dinheiro para ganhar mais dinheiro, ou seja, tinha um projeto empreendedor, embora essa não fosse uma ideia consciente.

Seguindo o instinto e a capacidade de observação, Waldemar percebeu que o dono da frota tinha um grande problema. Na tentativa de ser um empreendedor eficiente, controlando recursos, o patrão do Waldemar não investia na renovação dos carros e nem tinha um mecânico de sua confiança para cuidar dos táxis. O resultado é que dos dez carros da frota, pelo menos três quebravam todo mês, ficando fora de circulação por uma semana. Isto é, mensalmente, a frota perdia 7% da capacidade de geração de receita com o transporte de passageiros – só por causa dos carros parados. Assim, era necessário colocar dinheiro novo para consertar carro velho. Além disso, 6 dos 20 taxistas autônomos da frota, que se rodiziavam nos períodos diurno e noturno, ficavam em situação difícil porque deixavam de ganhar enquanto os carros estavam na oficina. Resultado é que ninguém ficava muito tempo naquele trabalho, e o dono da frota não podia nem contar com uma equipe de confiança.

Conversando conosco, Waldemar, agora dono da própria frota de táxis, foi capaz de enxergar o óbvio, fazendo espontaneamente a inter-relação entre as Atividades-chave e os Recursos Principais. Em uma frota de táxis, qual a atividade-chave? Lucrar com o transporte de passageiros com mais conforto e rapidez. Quais são os Recursos Principais para realizar essa atividade-chave? Bom, além da licença da prefeitura, o dono de uma frota precisa manter os carros operacionais e contar com taxistas confiáveis. Então, um investimento essencial é justamente a renovação periódica dos carros e um serviço de manutenção mecânica de qualidade.

Logo que começou a montar a própria frota, portanto, Waldemar tomou duas decisões bem pensadas: 1) trocar os táxis a cada cinco anos – no máximo e 2) fazer parceria com a melhor oficina mecânica do bairro – na concessionária, os carros só entram para as revisões obrigatórias da garantia. Hoje em dia, a frota do Waldemar roda sem parar todos os dias de cada mês. O maior problema dele é o trânsito de São Paulo, mas nisso, como empreendedor, ele não pode dar jeito. No máximo, como veremos adiante no Capítulo 10, pode tentar reduzir custos com o combustível; ele já anda atento aos veículos elétricos.

E agora? Você já saberia identificar as Atividades-chave e os Recursos Principais da empresa que você está estruturando no Mapa do Seu Negócio? Não tenha pressa, pare para pensar sem se deixar levar pela pressão do tempo na tomada de decisões.

Quando sentir firmeza em suas respostas, vá lá e preencha as duas folhas de papel coloridas referentes às Atividades-chave e Recursos Principais. Cole na parede uma bem próxima da outra porque esses dois elementos do seu projeto de negócio são realmente interdependentes com relação direta de causa e efeito. A próxima etapa de sua trajetória empreendedora é uma avaliação de seus possíveis parceiros: vamos retomar o caso daquele fabricante de móveis de junco com medidas customizadas, que não conseguia expandir a empresa. Lembra? Falamos dele no Capítulo 4, quando tratamos de proposta de valor.

Dicas

• Duvidar não é sinal de insegurança. Duvidar é um aprendizado muito bom e ajuda a tirar o empreendedor do conforto de suas certezas.

• O Mapa do Seu Negócio é um processo contínuo e reiterativo: exercite a dúvida percorrendo cada uma das etapas. Mesmo depois que sua empresa já estiver em operação.

• O óbvio escapa diariamente dos olhos de administradores e empreendedores. A pressão do tempo e as nossas certezas costumam esconder as obviedades de nós.

• Só identificando com a máxima clareza as Atividades--chave do seu negócio, você será capaz de tomar as decisões mais adequadas ao investir ou desinvestir.

• Se você não sabe realmente O QUE FAZ sua empresa, não consegue perceber QUAIS são OS RECURSOS imprescindíveis e estratégicos para manter o negócio operacional e lucrativo.

❝ O tiro no pé é...
...não dar importância à operação do negócio.❞

Capítulo 9
Seus parceiros estão na rede

O seu sonho de se tornar empreendedor, que agora está se transformando em ideia, visão e, finalmente, em projeto, surgiu a partir da vontade de ser independente. No fundo, você sempre pensou em ter o próprio negócio para conquistar total autonomia – das decisões estratégicas à operação diária. Por isso, especialmente nesse momento de modelagem do seu empreendimento, ao entrar na oitava etapa do Mapa do Seu Negócio, pode ser que você se sinta diante de um paradoxo: quer total autonomia, mas terá que buscar – e encontrar – bons parceiros. Por quê? Bom, em primeiro lugar e acima de tudo, porque ninguém consegue ser um empreendedor bem-sucedido se ficar isolado. O valor dado por você à independência e à autonomia não pode ser sinônimo de falta de conexões em sua rede social. É lá que estão seus parceiros e essas alianças serão fundamentais para dar mais eficiência à operação de sua empresa.

> **@tuitando:** Antes de ir adiante: não confunda parcerias com perda de autonomia estratégica.

Então, vamos mudar a pergunta inicial: para que investir tempo e dinheiro em uma atividade que não é chave na operação da empresa? No capítulo anterior, falamos, justamente, sobre a definição das Atividades-chave para, então, poder determinar quais são os Recursos Principais, ou seja, aqueles imprescindíveis para manter o negócio operacional. Fora dessa relação entre atividades e Recursos Principais, que forma o cerne estratégico da empresa, você pode – e deve – terceirizar e fazer parcerias de acordo com as necessidades. Talvez a importância das parcerias fique mais clara se analisarmos primeiro alguns equívocos cometidos por alguns empreendedores na gestão de seus negócios. Os casos a seguir mostram que, apesar de importantes, antes é preciso saber COM QUEM e COMO realizar as parcerias para que elas não se tornem destrutivas.

> **@tuitando:** Também não confunda autonomia estratégica com isolamento e falta de conexões.

No Capítulo 4, quando falamos sobre proposta de valor, contamos o caso do dono daquela fábrica de móveis de junco, que produzia peças com medidas personalizadas e cobrava um

> **@tuitando:**
> Reveja os cálculos no Capítulo 4: é sempre bom somar teoria e prática!

> **@tuitando:**
> Toda boa parceria é uma relação de "ganha-ganha".

> **@tuitando:**
> Ser sócio é mais difícil do que casar: avalie muito bem antes as diferenças de perfil empreendedor.

preço 40% inferior à média de seus concorrentes. Por falta de empatia e capacidade de observação do comportamento do próprio público-alvo, ele não conseguia perceber o valor dado pelos clientes à personalização dos móveis. E estava perdendo muito dinheiro. Pelos nossos cálculos, a cada venda, deixava de ganhar, pelo menos, 75% do valor que os clientes estariam dispostos a pagar para ter móveis de junco com medidas customizadas.

Quando vendeu os móveis para nosso amigo decorar a varanda do apartamento novo, esse empreendedor também comentou que tinha 70 funcionários terceirizados e muito bem treinados, mas estava difícil encontrar mais mão de obra qualificada e/ou disposta a aprender. A pergunta agora é: se você fosse o dono de uma fábrica de móveis de junco com medidas customizadas, teria a produção terceirizada? Além de não perceber a proposta e a entrega de valor do próprio negócio, nosso amigo está deixando o recurso essencial de sua operação e o seu *know-how* nas mãos de terceiros, que, inclusive, trabalham fora da empresa. Não parece uma decisão arriscada demais?

Essa história nos faz lembrar de outra; só que esta já teve seu final infeliz. Rosana e Iara são duas jornalistas, que se tornaram sócias em uma agência de comunicação corporativa. Como sempre trabalharam cobrindo assuntos econômicos, contavam com boas relações no universo empresarial e a conquista dos primeiros clientes foi vertiginosa. Rapidamente, tinham uma boa receita. Entre os serviços e produtos que ofereciam, estava a criação e desenvolvimento de publicações institucionais. Depois de participar de uma concorrência dura, conquistaram a produção de uma revista mensal com texto todo em inglês. Problema nenhum, as duas jornalistas são bilíngues.

Iara assumiu a coordenação do projeto, o contato diário com o cliente e a edição final de todo o conteúdo. Só que, como a produção das reportagens demanda muito tempo operacional, ela formou uma rede de jornalistas terceirizados (*freelancers*), permanecendo na posição estratégica de editora da revista. Durante dois anos, tudo funcionou muito bem até que as duas sócias se desentenderam, e Iara tomou a decisão de sair do negócio. E, exatamente nesse ponto, ficou bem clara a diferença de perfil entre as duas jornalistas. Rosana, sozinha no negócio, considerou que a posição de editora da revista ainda lhe tomava muito tempo estratégico e decidiu terceirizar tudo. Convidou uma das jornalistas *freelancers* para assumir o lugar de Iara, ou seja, deixou a profissional terceirizada com a coordenação do projeto, o contato diário com o cliente e a edição final de todo o conteúdo.

Resultado: em três meses, o cliente tirou a revista da agência da Rosana e colocou o projeto todo nas mãos da jornalista terceirizada por um preço mais conveniente para ele – sem intermediários. Já se passaram mais de três anos dessa história, mas até hoje Rosana acha que aquela profissional *freelancer* foi desleal. Às vezes, ela até usa umas palavras menos eufemistas. Nossa opinião é diferente: com nossa vivência em empreendedorismo, aprendemos que não se terceiriza Atividades-chave. O dono da fábrica de móveis de junco com medidas personalizadas também não deveria terceirizar a sua produção. Ele pode estar criando dentro de casa o seu mais forte concorrente, capaz de engoli-lo no futuro. Em outras palavras, não se coloca raposa para tomar conta de galinheiro, porque a tentação é muito grande. Por não entender isso, Rosana perdeu um bom cliente.

Conclusão: as parcerias são fundamentais para aumentar a eficiência do modelo de negócio, mas têm que ser delineadas a partir da definição da proposta de valor e das atividades e dos Recursos Principais para evitar equívocos, que aumentam a exposição da empresa a riscos e incertezas. Em que circunstâncias as parcerias são benéficas? Nós costumamos comparar as boas parcerias e alianças ao conceito biológico de protocooperação: ao se associar, as duas espécies envolvidas são beneficiadas, mas cada uma tem autonomia para viver de modo independente, sem que isso as prejudique.

É diferente da ideia de mutualismo, quando duas espécies se unem para sobreviver e se tornam dependentes uma da outra. Embora a parceria seja benéfica para as duas partes, essa é uma associação obrigatória. Por exemplo, o cupim come madeira, mas não consegue fazer a digestão da celulose. Dentro dele, então, precisa existir um protozoário para realizar essa função e possibilitar que o cupim aproveite a celulose ingerida. Sem esse protozoário, mesmo comendo, o cupim morreria de fome.

De acordo com a lógica da protocooperação, as parcerias, alianças ou associações – dê o nome que preferir – devem ser buscadas em seu projeto empreendedor para:

1) Otimizar a eficiência da operação com aumento de produtividade ou ganho de escala;

2) Minimizar riscos e incertezas;

3) Adquirir competências e recursos.

Nossa proposta é que seu projeto empreendedor não ceda ao equívoco de pretender a total autonomia e nem aceite, de início, uma relação de total dependência com os parceiros. E esse meio termo está, precisamente, na protocooperação. Quer ver um exemplo desse tipo de relação? Uma fábrica foi criada em 2008 para montar motocicletas chinesas no Brasil e, logo que começou, foi um sucesso. Com preço para lá de competitivo, as motos da marca conquistaram 4% do mercado nacional em menos de 18 meses. Só que, como já falamos em capítulos anteriores, preço baixo não é proposta de valor e nem vantagem competitiva, se a empresa não for capaz de manter também a qualidade do produto. As motos chinesas começaram a apresentar defeitos e, em meio à crise global de 2009, houve demora na importação de peças de reposição. Com as motos paradas nas oficinas, os consumidores começaram a reclamar, e as vendas despencaram.

Pare um pouco para pensar: como é que uma parceria do tipo protocooperação poderia resolver os problemas enfrentados pela empresa? Respondendo essa questão, a montadora brasileira fez parcerias com fabricantes de motos de alta tecnologia. O objetivo da empresa com essa aliança estratégica foi adquirir *know-how* e obter transferência de tecnologia. É que, enquanto monta no Brasil as motos com os requisitos e padrões tecnológicos de alta qualidade, também está aprendendo a gerar maior valor ao produto chinês que ainda mantém em linha de montagem. Com a parceria feita, a empresa está adquirindo um novo patamar de competência tecnológica. Por sua vez, a empresa parceira passou a montar suas motos no Brasil, de acordo com suas exigências, sem precisar investir na construção de uma montadora local. E isso deixou as motos de alto padrão montadas aqui com um preço bem mais competitivo no mercado. Portanto, na protocooperação, os parceiros podem ter interesses diferentes, objetivos diferentes, mas os dois se beneficiam com a relação. Cada um a seu modo.

A rede de drogarias Farmais foi criada em 1994 a partir da ideia de parceria para otimizar o processo de compras das farmácias independentes. Ao passar a comprar em grupo alto volume de mercadorias a rede Farmais conquistava um poder de barganha bem mais confortável em relação a preços e prazos de pagamento. A farmácia independente torna-se uma franqueada e, além da compra otimizada dos medicamentos e produtos de higiene e beleza, passa também a operar com um modelo estruturado de negócio, que inclui desde promoções conjuntas até o layout das lojas. Deu certo: em 2009, a Farmais foi vendida para o BTG Pactual e, atualmente, conta com mais de 300 drogarias. Essa ideia de parceria está por trás de todas as centrais de compras, inclusive, nas cooperativas agrícolas. Nesse caso, os produtores concorrem entre si no mercado, mas se unem para ganhar força na negociação e na compra de insumos.

@tuitando:
Leia mais sobre a Farmais em:

Waldemar, o dono da frota de táxis, citado no Capítulo 8, fez parceria com uma oficina mecânica, que ele considera capaz de entregar peças de reposição e serviços com preços mais competitivos, além de confiar na qualidade técnica da mão de obra. Com isso, aumenta a possibilidade de estar com os carros da frota sempre rodando em boas condições. Para o dono da oficina, também é vantagem: ele sabe que Waldemar vai deixar, pelo menos, dois carros da frota por mês para fazer manutenção mecânica preventiva. Se for bom para os dois, então, é parceria.

Uma amiga nossa, a Cleide, tem uma loja de roupas femininas de grife e percebeu que, na hora de provar os vestidos mais sofisticados, as clientes nem sempre estão com o par de sapatos mais adequado. Como não tinha a menor pretensão de ampliar o mix de produtos de sua loja, fez uma parceria de complementaridade com uma conhecida, que tem uma loja de calçados finos. Juntas, as duas escolhem a cada estação quais são os sapatos que combinam melhor com as roupas que serão vendidas por Cleide. Montam as vitrines com os trajes completos e alguns pares ficam em consignação. Agora, quando as clientes precisam de um belo sapato para experimentar um vestido de gala, Cleide tem o par perfeito para oferecer a elas. O que acontece é que, muitas vezes, as clientes acabam se apaixonando pelo conjunto completo: vestido e sapatos. Para a satisfação das duas lojistas, está feita mais uma venda casada.

Não é essa parceria, com certeza, que gera a maior parte da receita da loja da Cleide, mas ela sabe que, mais do que a venda casada, está oferecendo conveniência para suas clientes. Até já percebeu que, depois de conseguir encontrar na mesma loja o vestido e o par de sapatos de seus sonhos, a cliente tende a retornar mais vezes para fazer compras lá. Então, a parceria está reforçando também a fidelização. Na verdade, Cleide anda tão satisfeita com o resultado, que já está estruturando outra parceria. Outro dia, conheceu uma moça que tem uma consultoria de *personal stylist* e a convidou para conhecer a loja. Se a conversa for boa, a ideia é que a *personal stylist* indique a loja de Cleide para as clientes dela. E vice-versa. Cleide ainda não sabe se a parceria, dessa vez, vai se resumir à indicação recíproca ou se haverá algum tipo de remuneração entre elas. Mas está pensando seriamente no assunto.

REFLEXÃO
Habilidade de relacionamento interpessoal

É na hora de pensar e estruturar parcerias que se revela uma das mais importantes características do comportamento empreendedor: a capacidade de estabelecer relacionamentos interpessoais de qualidade. Como foi que Waldemar, o dono da frota de táxis, conseguiu encontrar o mecânico de confiança para se tornar seu parceiro? Navegando em sua rede de contatos, fazendo conexões interpessoais. Como foi que Cleide conseguiu fechar a parceria com a dona da loja de sapatos? Porque é boa de inter-relacionamentos. É tão boa que conheceu a *personal stylist* na sala de espera da dermatologista e já a convidou na mesma hora para conhecer sua loja.

As melhores oportunidades e as boas parcerias estão todas lá na sua rede social. Se você tem um temperamento mais retraído, que tende mais ao isolamento, mas quer ser um empreendedor bem-sucedido, vai ter que investir e se aplicar no desenvolvimento da habilidade de estabelecer relacionamentos interpessoais. Essa é uma competência técnica que pode ser aprendida e aprimorada para o bem do seu próprio negócio. Se é que você não é uma daquelas pessoas que já nasceram com o talento natural de conquistar a simpatia e a amizade de todo mundo. Como anda sua habilidade para navegar na rede social? O empreendedor tem que se autoconhecer. Faça uma reflexão, respondendo as perguntas a seguir:

> **@tuitando:**
> Sobre esse assunto, vale a pena ler o livro *Conexões empreendedoras*, de Renato Fonseca de Andrade.

1) Você é convidado para uma festa, mas só conhece o dono da casa:

a) Aceita o convite, mas acaba não indo porque sabe que vai se sentir isolado.

b) Aceita o convite, vai e fica isolado em um canto. Pelo menos, tentou se enturmar.

c) Aparece um pouco antes para ajudar o anfitrião a receber os convidados e já fica conhecendo todos eles.

d) Chega mais tarde, quando a festa está "bombando" e se diverte muito com os novos conhecidos.

e) Recusa o convite, inventando na hora uma desculpa.

2) Você é convidado a dar uma palestra sobre um assunto que gosta e domina muito bem:

a) Recusa porque não gosta de falar em público.

b) Não gosta muito de falar em público, mas terá muito prazer em falar sobre aquele assunto.

c) Assume o compromisso e o aceitaria mesmo que não soubesse tanto assim sobre o assunto.

d) Aceita, faz a palestra, mas sai rápido do evento porque não gosta muito daquelas pessoas que querem dar *feedback*.

e) Aceita, faz a palestra e fica para o *feedback*. Gosta principalmente de ouvir as críticas.

3) Você tem que viajar a trabalho e, no aeroporto, o avião atrasa. Enquanto isso, você:

a) Compra uma revista e aproveita para ler um pouco em paz.

b) Vai tomar um café expresso e já aproveita para conversar com alguém no balcão. A hora passa e você nem vê.

c) Fica na frente do balcão da companhia aérea, reclamando do atraso com a atendente.

d) Pega o celular e esquece o mundo em volta, conversando com os amigos por e-mail.

e) Fica sentado perto do portão de embarque e aproveita para observar os outros.

4) Na hora do almoço no trabalho, você prefere:

a) Comer sozinho e voltar rápido para trabalhar.

b) Sempre convidar alguém para ir junto.

c) Levar comida de casa porque é mais barato, rápido e mais saudável almoçar na copa do escritório.

d) Quando ninguém convida, você se oferece para ir junto. Detesta comer sozinho.

e) Sair para almoçar? O que é isso? Não dá tempo.

5) Seu chefe pede para você marcar uma reunião com um profissional que ainda não conhece:

a) Você manda um e-mail se apresentando e solicitando uma sugestão de data e hora.

b) Acha muito chato ter que se apresentar para outra pessoa. Seu chefe é quem deveria marcar a reunião.

c) Telefona direto para o celular da pessoa e sugere dia e hora para a reunião.

d) Pede para o estagiário fazer o contato inicial.

e) Liga para o telefone fixo de contato e deixa um recado com a secretária, pedindo retorno sobre a reunião.

O importante nesse exercício de autoconhecimento é que você consiga identificar qual seria seu comportamento mais espontâneo e imediato. Por meio das atitudes que você considera mais naturais é que está o seu real grau de habilidade no relacionamento interpessoal. Caso você considere que sua competência nessa área é baixa, está na hora de investir para desenvolvê-la. Às vezes, fazer um curso de iniciação teatral pode ser de grande valia para os mais tímidos e introvertidos. Mas se o seu perfil for de excesso de extroversão, tome cuidado: a maioria das pessoas tem mais dificuldade para estabelecer vínculos de confiança com quem é tão simpático, afinal, a pessoa acaba se tornando invasiva. Convenhamos, chegar mais cedo em uma festa para ajudar o anfitrião a receber os convidados e já conhecer todo mundo é uma atitude extrovertida um pouco exagerada, não acha?

Finalizada essa reflexão, você acaba de concluir a oitava etapa do Mapa do Seu Negócio. Parabéns, você está a um passo da consolidação mental de seu projeto empreendedor. Volte ao lugar da sua casa em que você está colocando na parede os papéis de folhas coloridas com suas ideias e definições sobre seu futuro negócio. Anote tudo lá. Quem são as pessoas e/ou as empresas confiáveis com as quais você poderia estabelecer parcerias? Quem poderia mais se beneficiar com a formação de uma aliança? O que não é atividade e nem recurso principal e poderia ser fornecido por terceiros? Considerando a atividade-chave, quais são os recursos que não podem faltar na sua operação? Mesmo que, de início, não haja necessidade de parceiros, é bom identificar desde já com quem você poderá contar.

Dicas

• O empreendedor bem-sucedido mantém a autonomia estratégica, mas não se isola de sua rede social.

• A habilidade de relacionamento interpessoal é uma das principais características do perfil empreendedor: sem essa competência não se estabelecem parcerias de confiança.

• Faça o teste de autoavaliação desse capítulo. Se você se achar meio introvertido demais, invista no desenvolvimento da habilidade de relacionamento interpessoal. Vai ser decisivo na sua trajetória empreendedora.

• As parcerias são fundamentais para dar mais eficiência à operação da empresa. Elas devem ser buscadas para: 1) aumentar produtividade ou ganhar escala; 2) minimizar riscos e incertezas; e 3) adquirir competências e recursos.

• Nunca terceirize atividades e Recursos Principais do negócio que são estratégicos para sua operação.

• A parceria ideal é o modelo de protocooperação: as duas partes se beneficiam e ninguém fica dependente e cativo do outro.

• Escolha sempre os parceiros mais confiáveis em sua rede de relacionamentos. E um alerta: a escolha dos sócios é bem mais complexa porque o negócio depende de uma relação produtiva e agradável entre vocês.

66 O tiro no pé é...
...acreditar que você é capaz de fazer tudo sozinho."

CAPÍTULO 10
Refletindo sobre seus custos

Você acaba de chegar à nona e última etapa do Mapa do Seu Negócio: Estrutura de Custos. Parabéns! Nossa proposta, nesse momento, não é fazer você entender a distinção entre custos fixos, variáveis, diretos e indiretos e aprender a precificar. Boa parte dos empreendedores costuma ter muitas perguntas e dúvidas sobre essa parte da administração de um negócio, é verdade. Mas o fato é que também já existem muitos livros de ótima qualidade à disposição nas livrarias para responder a questões desse tipo.

Neste capítulo, nosso objetivo é explicar a você o que deve ser pensado e preenchido para finalizar o mapa do negócio no que se refere à estrutura de custos.

Vamos sair um pouco do universo das grandes empresas globais e retornar à realidade dos empreendedores à frente de negócios de pequeno e médio portes. Lembra a história da pizzaria do Alex, lá no Capítulo 6?

A proposta de valor do negócio dele é a diferenciação pela qualidade do produto e do atendimento. Então, é uma decisão estratégica contar com uma pequena estrutura própria de entrega com motoboys uniformizados que ganham um pouco acima da média do mercado. O serviço de *delivery* aumentou o faturamento da pizzaria do Alex em 30%, e os três rapazes da entrega tornaram-se também agentes de relacionamento e de fidelização dos clientes.

Quais são os grandes custos que devem ser pensados no modelo de negócios do Alex?

Nessa etapa você deve analisar todo o modelo, principalmente a proposta de valor, os recursos e as atividades envolvidas e se perguntar quais são os eixos de dispêndio de maior impacto no negócio.

Certamente um dos itens a serem colocados nessa parte do quadro na pizzaria do Alex será o da seleção e preparação

@tuitando:
Conceitualmente, essa distinção entre custos não existe. É apenas um recurso didático utilizado aqui!

dos motoboys. Eles agem como auditores de qualidade, ou seja, não fazem apenas o trabalho de entrega da pizza, e o Alex destinará sem dúvida boa parte de seu investimento para manter essa equipe extremamente preparada.

Como podemos observar, o empreendedor deve ter muita clareza do seu modelo de negócio e pensar na estrutura de custos.

Seguem algumas perguntas que podem ajudá-lo nesta análise:

a) Quais são os custos mais importantes do modelo de negócio?

b) Quais serão os investimentos necessários para o desenvolvimento das parcerias-chave?

c) O que se deve levar em conta para a execução das atividades-chave?

d) Quais riscos financeiros estarão envolvidos na obtenção de recursos? (Financiamento, juros, custo de capital etc.)

e) Quais os custos fixos vitais para que o negócio aconteça? Qual é a sua participação percentual nos custos da empresa?

Quando for iniciar a análise, comece justamente pelos custos que são vitais para o negócio. Como saber? Fácil: se você retirá-lo da sua estrutura de custo, seu modelo entrará em colapso?

Voltemos ao exemplo do Alex. Esses custos seriam:

a) Ocupação: que despesas são vitais para manter o ponto? Exemplos: aluguel, IPTU, estacionamento...

b) Funcionamento: o que devo ter para operar meu negócio? Exemplos: água, luz, telefone, internet, segurança...

c) Recursos-chave: quais são eles e em qual proporção? Exemplos: matéria-prima (trigo, queijo, molho de tomate), equipamentos, maquinaria, profissionais qualificados (pizzaiolo)...

d) Propaganda e marketing: quais os principais canais de divulgação e relacionamento? Qual a necessidade de recurso para executar a estratégia? Exemplo: investimento nos motoboys.

> **@tuitando:** O'Leary faz inimigos demais; ninguém é invencível: digite "I hate Ryanair" no Google e você vai ver.

Portanto, quais são os custos mais importantes envolvidos no seu modelo de negócios? Isso é o que deve ser colocado nessa etapa.

Nesse momento é muito comum o empreendedor começar a ficar preso em detalhes, imaginando questões sem relevância e desviando o foco no levantamento correto dos custos. Corre um risco enorme de subestimar sua estrutura e pode iniciar sua atividade sem ter o "fôlego" necessário para dar prosseguimento à estruturação do projeto.

Um exemplo aconteceu com um certo empreendedor. Ao montar o projeto de uma empresa prestadora de serviços baseado em plataforma web, apresentou a estrutura de custo com informações detalhadas sobre a marca e o valor da cafeteira que ficaria na cozinha do escritório. Também havia detalhes dos móveis e dos quadros na parede. Mas em relação à plataforma e toda a estrutura necessária para atuar na web, os valores eram genéricos e pouco especificados.

Essa atitude é muito comum, pois o empreendedor mergulha no seu sonho, começa a imaginar o dia a dia, se pega em detalhes e, quando percebe, tenta colocar a realidade dentro do sonho e não o inverso.

Outro caso oposto é o do detalhista. Quer a perfeição e acaba procrastinando, a cada hora inventa mais detalhes e, devido a isso, o projeto nunca termina. Nesse caso, o empreendedor quer chegar ao "risco zero". Obviamente, o tempo vai passar, e o negócio não sairá do papel.

Portanto, quando o empreendedor compreende corretamente sua estrutura de custo, dando a devida prioridade para os custos vitais, consegue ter o bom senso de estimar um percentual de risco e de falha, trabalhando numa posição realista e conservadora.

Com isso, consegue:

1. Dimensionar o tamanho do recurso necessário para seu modelo de negócio;

2. Planejar como acessar as melhores fontes de recursos;

3. Implantar um cronograma financeiro para investimento, mantendo o fôlego constante (começo, meio e fim);

4. Ter um capital de giro para a manutenção do negócio no seu início;

5. Estabelecer metas de despesas e de performance, podendo constantemente se medir e corrigir rotas, se necessário;

6. Visualizar o crescimento da empresa e tomar a decisão para as próximas etapas.

Dicas

• Se você sente alguma lacuna de conhecimento, não siga em frente no Mapa do Seu Negócio. Vá aprender antes. Empreendedor não tem direito à preguiça.

• Se na hora de pensar na estrutura de custos você não analisar o seu modelo de negócio como um todo e não perceber quais são os mais estratégicos, você pode estar matando o próprio negócio.

❝ O tiro no pé é...
... não pensar no que deve ser investido e destruir a proposta de valor do negócio."

Capítulo 11
A lógica empreendedora

Disciplinadamente, você percorreu cada uma das etapas do Mapa do Seu Negócio e agora tem 9 folhas coloridas pregadas à parede, formando um painel indicador do caminho a seguir para abrir a própria empresa. Mas será que consegue entender claramente o sentido que há entre os nove elementos, a engrenagem que os une e move? Qual é a direção que você tomará como empreendedor e qual a lógica estratégica por trás desse raciocínio?

Parcerias Principais	Atividades-chave	Proposta de valor	Relacionamento com clientes	Segmentos de clientes
	Recursos Principais		Canais	
Estrutura de custo		Fontes de receita		

Lá no Capítulo 3, quando começamos a percorrer juntos o Mapa do Seu Negócio, você baixou na internet a tela do *Business Model Generation* (BMG) e foi preenchendo devagar com as informações obtidas em cada fase. Agora, imprima outra vez o quadro – no maior tamanho que puder – e vamos fazer juntos um exercício de revisão.

1) **Segmento de Clientes:** qual é o perfil do segmento que pretende atender? Lembre-se de que você já tem até algumas fotografias recortadas de revistas com "a cara" dos seus clientes. Anote ali quais são as principais necessidades, desejos, valores e

comportamentos desse público-alvo. Volte a usar a capacidade de empatia e observação para verficar a coerência de suas hipóteses.

2) Proposta de Valor: qual é o diferencial de seu produto/serviço? O que tem de inovador? Essas características são capazes de satisfazer as expectativas do Segmento de Clientes que você pretende atender? Os clientes realmente vão valorizar e perceber o diferencial de seu produto/serviço? Deixe de lado a sua opinião; tente imaginar qual será a do seu cliente. Seu projeto tem foco e está coerente com os valores de seus futuros clientes?

3) Canais de Distribuição: se existe sintonia entre Proposta de Valor e Segmento de Clientes no seu projeto, como é que você vai comunicar sua existência e atingir esse público-alvo? Com quais Canais de Distribuição sua empresa terá poder de negociação e seu produto/serviço mais visibilidade? Pelo comportamento habitual de seu público-alvo, em quais canais eles costumam comprar produtos/serviços da mesma categoria? A escolha dos Canais de Distribuição precisa ser coerente e harmônica com o segmento e a Proposta de Valor do seu negócio.

4) Relacionamento com os Clientes: quais são as ferramentas que você pretende usar para prestar serviços de pré e pós-venda aos clientes? Estão em sintonia com o segmento a proposta de valor a ser entregue e os Canais de Distribuição? Se o capital inicial é curto, como você pode otimizar o contato com os clientes para formar relacionamentos e obter *feedback* para o aprimoramento do negócio (inovação)? Como anda sua capacidade de conversar e ouvir? Lembra no Capítulo 6 da diferença de disposição ao diálogo entre Osvaldo e Nelson, os dois donos de restaurantes por quilo? A atitude empreendedora de abertura ao diálogo com o mercado-alvo hoje é chamada até de cocriação. Ou seja, a capacidade do empreendedor para obter a colaboração dos clientes – espontânea e gratuita – e aprimorar produtos, serviços e lucros.

5) **Fontes de Receita:** por menos complexo que seja seu projeto empreendedor, seu negócio não vai se limitar ao simples ato de vender e receber o pagamento pelo produto/serviço. Qual é o tamanho de sua ambição empreendedora? Onde está o dinheiro que tornará você satisfeito com o objetivo financeiro atingido? Como criar fontes alternativas de receita? Franquia? Prestação de serviços de pré e pós-venda? Parcerias? Como fez a banca de frutas da família do Evandro que se aliou às nutricionistas do bairro? Pense antes, pense agora: COMO fazer para que seu negócio não fique dependente de uma única fonte de receita? Pode ser que não seja viável começar o negócio já com fontes alternativas de receita. Tudo bem. Mas não perca essa ideia de vista.

6 e 7) **Atividades-chave e Recursos Principais:** esses dois elementos do seu projeto de negócio estão tão fortemente interligados, que nem conseguimos tratar deles em separado. Na tela colada na parede, você já verificou a coerência e a consistência entre o perfil do cliente, a Proposta de Valor a ser entregue, os Canais de Distribuição, as formas de relacionamento e as Fontes de Receita. Seguindo a lógica que "amarra" todos esses fatores, quais serão, portanto, as atividades e os Recursos Principais imprescindíveis para que sua empresa continue operacional e eficiente? Do que depende seu negócio para continuar funcionando e entregando aos clientes o mesmo valor diariamente? Essas atividades e recursos são estratégicos. Mantenha a propriedade e o controle sobre eles, lembrando do ditado gaúcho: "É o olho do dono que engorda o gado."

8) **Parcerias Principais:** portanto, tirando as atividades e os Recursos Principais para a operação quantitativa e qualitativa de seu negócio, por que investir tempo e dinheiro em tarefas que precisam ser realizadas, mas que podem ser terceirizadas ou obtidas de outra forma no mercado? Para diminuir o risco de ficar com táxis fora de circulação por vários dias, a frota do Waldemar não precisa ter uma oficina mecânica

própria: basta contar com um parceiro de confiança, como ele faz. Ao pensar em parcerias, lembre sempre do conceito de protocooperação: os parceiros têm interesses diferentes, objetivos diferentes, mas os dois se beneficiam com a relação. Cada um a seu modo. Ninguém depende do outro para seguir em frente.

9) **Estrutura de Custo:** esse é o momento de analisar quais são os custos/investimentos mais importantes do seu modelo de negócio. Releia todo o modelo e analise quais serão os investimentos estratégicos que não podem deixar de ser visualizados para a estrutura de custos. Como relatamos, o tiro no pé aqui é não pensar em algum custo que pode destruir a proposta de valor do seu negócio.

Terminada a avaliação lógica por trás dos nove elementos que compõem seu projeto empreendedor, como você se sente? Qual é a visão e o grau de convicção de que você tem, realmente, na cabeça e nas mãos uma boa oportunidade? É a coerência e a consistência – que, às vezes, chamamos também de sintonia e harmonia – entre os nove fatores que formam a base de sua estratégia de negócio. E é a estratégia que dá força e vigor a seu empreendimento para enfrentar e superar os riscos e incertezas inevitáveis do cenário.

Nossa sugestão agora é que você, com todo esse universo de informações já à disposição na cabeça e na tela colada na parede, coloque por escrito no papel o Mapa do Seu Negócio. Para facilitar, escreva as definições de cada um dos elementos em tópicos, numerados de 1 a 9. Por que colocar no papel? Por quatro boas razões:

• Em primeiro lugar, porque escrever ajuda muito a organizar o pensamento e consolidar as ideias.

• Em segundo, porque quanto mais vezes você percorrer o Mapa do Seu Negócio, mais chances terá de encontrar incoerências ou inconsistências entre cada um dos elementos. Nessa fase, o que redunda não abunda.

• Em terceiro, porque esse é o momento de investir tempo e esforço sem perder dinheiro. Enquanto você planeja a estratégia, os custos operacionais ainda não começaram a dilapidar seu capital de giro.

• Em quarto, pois você pode ter que buscar dinheiro com investidores e ninguém vai colocar um tostão no seu projeto, se não estiver colocado no papel com coerência e consistência. Se for esse o caso, aqui vai mais uma dica: só tente fazer uma apresentação em *Power Point* do seu projeto de negócio depois de escrever tudo; assim, você vai saber priorizar as informações e terá uma apresentação curta, direta e objetiva.

Final
TEST DRIVE

Você acaba de materializar o Mapa do Seu Negócio colocando no papel sua estratégia empreendedora. Ótimo! No campo das ideias, você agora sente a convicção de que seu modelo de empreendimento está muito bem planejado, ou seja, está coerente e tem sintonia entre os nove elementos. Já conversou e trocou informações com empreendedores mais experientes, teve a oportunidade de ouvir consultores, praticou e desenvolveu a empatia e a capacidade de observação e também já foi ao mercado várias vezes para conhecer melhor seu público-alvo e negócios similares. Portanto, até aqui, você conquistou a necessária confiança empreendedora. Assim, está pronto para seguir em frente e abrir as portas do seu negócio.

Será mesmo que você e seu modelo de negócio estão prontos?

Claro que nós não estamos escrevendo este livro para semear dúvidas em você. Ao contrário. Como já dissemos, nosso objetivo é ajudar a aumentar as chances de sucesso de seu projeto empreendedor. Enquanto você não abre as portas do seu negócio, seu único investimento é tempo. Por isso, fazemos um desafio final ao seu modelo de negócio: faça um *test drive* do produto/serviço que pretende oferecer ao público-alvo. Como?

Nossa proposta de *test drive* envolve três passos, mas é possível que você já esteja dizendo a si mesmo: "Isso é impossível para o meu serviço/produto. Se for fazer um protótipo, já terei uma linha de produção e não posso investir tudo isso!" Claro, existem situações mais simples e outras mais complexas. Leia, no entanto, com atenção os três passos propostos a seguir e use a criatividade: qual é a melhor forma para você materializar – real ou virtualmente – a Proposta de Valor de sua futura empresa? Por exemplo: quando a gente compra um apartamento na planta, está adquirindo o quê? A "materialidade" de uma proposta representada por uma maquete e um apartamento decorado, não é? Então, encontre a forma de conseguir viabilizar seu *test drive*, seguindo os passos abaixo:

Primeiro passo: sintetize tudo o que colocou no papel agora há pouco com uma frase curta e depois em uma única palavra. É como se você estivesse criando a marca e o slogan de sua empresa. Olha, você pode não ser uma pessoa extremamente criativa, não é publicitário, não tem toda essa habilidade com texto. Mas faça esse exercício e dê o melhor de si. Essa pequena frase e essa palavra que sintetizam seu negócio, futuramente, podem servir de *briefing* para que especialistas em comunicação e marketing criem a marca e o slogan de seu negócio. São a essência, a síntese do que você quer "dizer" ao mercado com sua empresa.

Segundo passo: materialize da melhor forma possível, a entrega de valor de seu produto/serviço e ofereça gratuitamente a um pequeno grupo – restrito, mas muito representativo – de clientes potenciais. A única condição é que eles lhe ofereçam individualmente (para que a opinião de um não contamine a do outro) um *feedback* sincero sobre a experiência com seu produto/serviço. Se for o caso, para facilitar a análise das respostas, faça um questionário padrão com cinco perguntas fechadas (quantitativas) e cinco perguntas abertas (qualitativas). **Exemplo de questões fechadas**: De 1 a 5, que nota você dá a tal produto/serviço? Para você, o tal produto/serviço é um(a)... necessidade? ...desejo? ...solução de um problema? ...não é importante? ...não compraria? Quantos reais ($) você pagaria por esse tal produto? ...de 5 a 10; de 11 a 15; de 16 a 20. **Exemplo de questões abertas**: Justifique a nota que você deu a esse produto/serviço; Que qualidades destaca no produto/serviço? Que críticas faz ao produto/serviço? Tente se manter o mais simples e direto possível para não tomar muito tempo das pessoas que estão participando do *test drive* e para facilitar a tabulação e a compreensão das informações obtidas.

Terceiro passo: reúna todas as informações que lhe foram transmitidas por esse pequeno grupo de clientes potenciais e volte a se sentar diante da tela com os nove elementos do Mapa do Seu Negócio. Muita calma e tranquilidade... **O que eles criticaram**? Como esse ponto pode ser aprimorado? Como essa resistência do cliente pode ser minimizada? Como gerar demanda mesmo entre os críticos? O que eles elogiaram? Como destacar esse ponto no modelo de negócio? Como comunicar melhor esse fator? Esse ponto positivo pode ser desdobrado em outras Fontes de Receita? O *feedback* obtido nesse *test drive* lhe indica alguma dissonância entre os 9 elementos do Mapa do Seu Negócio? Qual? Como superá-la?

Nossa recomendação é que você (re)faça esse exercício até se sentir satisfeito, ou seja, até conseguir resolver de modo consistente todas as objeções apresentadas pelos participantes do grupo de teste. Você estará **preparado** para abrir as portas do seu negócio apenas quando sentir que está **pronto** e que o seu modelo empreendedor também está. Antes disso, você precisa conquistar a convicção de que o mercado, ou seja, **o Segmento de Clientes que pretende atender, está pronto** para receber, entender, valorizar, comprar e voltar a comprar o seu produto/serviço.

Pense nisso: mais difícil do que entrar no mercado com um produto pouco inovador é entrar no mercado com uma inovação que o mercado ainda não está pronto para entender. No segundo caso, é bom contar com um substancial capital de giro para poder esperar que o mercado "aprenda" a gostar de seu produto.

Nossa trajetória conjunta não se encerra aqui, pois consideramos que o Mapa do Seu Negócio não é um exercício empreendedor que se esgota ou se limita ao período de planejamento da empresa. Muito mais do que isso, esse é o raciocínio lógico que deve acompanhar você para sempre. Portanto,

> **@tuitando:**
> Leia mais sobre a curva de adoção de produtos em *Do sonho à realização em 4 passos:* estratégias para a criação de empresas de sucesso, de Steven Blank.

no próximo capítulo, vamos aplicar juntos essa forma de pensar a alguns exemplos e casos de empresas já em operação. Primeiro, na gestão diária do negócio e, a seguir, como forma de buscar inovação e a contínua reinvenção do empreendimento. É bom que você não esqueça: depois que começa, o empreendedor não pode nunca mais se acomodar, nem no sucesso.

Dicas

• Diante da tela com os 9 elementos do Mapa do Seu Negócio, avalie a lógica por trás do seu projeto empreendedor. Uma boa oportunidade de negócio deverá ter esses 9 fatores, que formam a base de sua estratégia, coerentes e consistentes.

• A principal arma do empreendedor é a estratégia. É ela que dá força e vigor a seu empreendimento para enfrentar e superar os riscos e incertezas do mercado.

• Quer sobreviver? Conte com uma boa estratégia. Quer sucesso? A arma é a estratégia.

• Siga os três passos propostos nesse capítulo e use a criatividade para materializar – real ou virtualmente – sua Proposta de Valor. Depois, faça um *test drive* com um pequeno grupo de clientes potenciais.

• No resultado do *test drive* dê mais foco às objeções do que aos elogios de seus clientes potenciais. Seu produto/serviço só está pronto para ser lançado quando o mercado for capaz de reconhecer de imediato o valor de sua proposta.

❝❝ O tiro no pé é...

...querer vender no *test drive* em vez de aprender com o cliente.”

CAPÍTULO 12
Portas abertas: e agora?

Vamos lá: está tudo certo. Você percorreu várias vezes o Mapa do Seu Negócio. Foi e voltou, checando e rechecando a sintonia, a coerência e a consistência dos nove elementos do seu modelo de negócio. Sempre que se sentiu em dúvida, foi buscar mais conhecimento teórico e prático. Realizou o *test drive* do seu negócio com um grupo restrito de clientes potenciais, corrigiu o que foi necessário, de acordo com o *feedback* recebido, e, finalmente, colocou o ponto final na fase de planejamento. Viabilizou os recursos necessários e fez seu empreendimento se tornar realidade.

Agora, portanto, está com as portas abertas e conta com capital de giro – muito bem estimado – para sobreviver ao ciclo natural de geração de demanda. Em outras palavras: tem dinheiro em caixa para manter as portas abertas enquanto os clientes potenciais vão descobrindo e reconhecendo a entrega de valor do seu negócio. Toda empresa precisa de tempo para decolar, como prefere dizer Eric Ries. E, se precisa de tempo, precisa também de capital de giro. Sabe quais são os dois principais motivos alegados para empreendedores que quebra em menos de dois anos de operação? 1) falta de clientes e 2) falta de capital. Portanto, não entre nessa de se iludir com a possibilidade de retorno imediato. Nessa questão, melhor ser mais conservador e cauteloso.

Também não são raros os empreendedores que desistem antes de o negócio "pegar" e se arrependem depois, especialmente quando um dos sócios persevera e consegue levar a empresa ao lucro. O universo do empreendedorismo está cheio de casos desse tipo. Aconteceu, por exemplo, com a Roberta, da Overland, que presta um serviço inovador: aluga barracas e todo o equipamento necessário para acampar com o maior conforto. Quem é o público-alvo desse negócio? Afinal, quem gosta de acampar parece ter disposição para enfrentar com prazer as agruras da natureza. Portanto, acampamento e conforto

> **@tuitando:** Nesta fase, não deixe de ler também *A startup enxuta*, de Eric Ries.

> **@tuitando:** Estudo Sebrae em:
>
>

> **@tuitando:** A conta é simples: total do capital de giro ÷ custos mensais = nº de meses para o negócio "pegar".

@tuitando:
Veja a Proposta de Valor em:

soam como uma contradição. Criada em 2005, demorou para os clientes perceberem a Proposta de Valor da Overland. Os sócios preferiram pular fora, mas Roberta perseverou porque confiava na oportunidade que visualizara. Tomou um empréstimo bancário e demorou dois anos para quitar a dívida. Mas, finalmente, encontrou seu público-alvo nos organizadores de grandes eventos esportivos e culturais realizados ao ar livre. Hoje em dia, a Overland monta acampamentos confortáveis, por exemplo, para o Rally dos Sertões.

Apesar de tantos exemplos disponíveis no mercado, a partir do momento em que consegue abrir as portas do seu negócio, a maioria dos empreendedores acredita que vai se dedicar a cumprir uma ROTINA de processos e operações predefinidos que levarão aos resultados predeterminados no projeto. Grande equívoco: o primeiro e o segundo ano de operação de uma nova empresa são a "prova de fogo" do projeto. Suas ideias estarão sendo submetidas à realidade do mercado. Não está na hora, portanto, de você se entregar a uma rotina de processos e operações. Ao contrário, está na hora de abrir ainda mais os olhos, os ouvidos e a cabeça para o *feedback* que os clientes estão lhe trazendo nesse início operacional da empresa.

No próximo capítulo, vamos conversar com você um pouco mais sobre essa questão das rotinas. A gente faz um esforço enorme para sair das nossas zonas de conforto e, assim que consegue, tem a tendência de voltar a buscar rotinas que nos ofereçam novamente a sensação de controle e bem-estar. Aqui, vamos tratar de outra questão muito importante: como aplicar o raciocínio empreendedor aprendido ao longo do Mapa do Seu Negócio na gestão diária da sua empresa.

Nos capítulos anteriores, insistimos diversas vezes na afirmação de que devem existir sintonia e coerência entre os fatores estruturais de seu modelo de negócio. Nenhum deles pode contradizer o outro e nem gerar dissonâncias e resistências na percepção da entrega de valor do seu público-alvo.

Agora, com as portas abertas, você e a sua empresa vão colocar em prática o que aprenderam sobre os 9 elementos do Mapa do Seu Negócio.

Só que, para que sua empresa sobreviva – firme e forte – principalmente aos primeiros 24 meses de operação, essa harmonia entre os elementos do modelo de negócios precisa ser monitorada constantemente e mantida sistematicamente. Ou seja, aquela lógica empreendedora que norteou você durante a etapa do planejamento não pode – e não deve – ser descartada. Precisa continuar a ser aplicada diariamente na gestão do negócio para não acontecer com você o que ocorre, em média, com 27% dos empreendedores brasileiros: fechar as portas da empresa antes de completar dois anos de operação.

Portanto, de volta ao monitoramento sistemático. Sempre que a gente precisa monitorar alguma informação, também necessita de uma ferramenta para fazer isso. Quando um médico trata um paciente com alguma infecção, ele precisa monitorar a febre do paciente, que é um dos sintomas da doença. Se a febre se mantém alta, o remédio não está fazendo efeito; se a temperatura corporal cair, o remédio já está dando bons resultados. Para monitorar esse sintoma, o médico usa um termômetro. Para monitorar seu modelo de negócio, você também vai precisar criar seus instrumentos para saber se a tendência é positiva ou negativa. A partir desse monitoramento constante é que você terá condições de sistematizar o aprimoramento de seu modelo de negócio. Ou seja, fazer correções e adaptações do planejamento à realidade do mercado e às constantes mudanças do cenário.

Para isso, recomendamos que, mensalmente, você volte a percorrer o Mapa do Seu Negócio, evitando as respostas prontas e o pensamento viciado. Faça outra vez para você mesmo todas aquelas perguntas que exercitou ao longo da etapa de planejamento da empresa. Lembre que a realidade é dinâmica e mutante, enquanto o projeto de um negócio está fixado no tempo e nas condições específicas de um momento do mercado. Portanto, assim que abrir as portas de seu empreendimento, sua missão é ficar atento às mudanças do cenário. Gradativamente, você vai acabar desenvolvendo suas próprias ferramentas de avaliação do modelo do seu negócio. Lembra da comparação entre Osvaldo e Nelson, dois proprietários de restaurantes por quilo, no Capítulo 6?

Usando a intuição, Nelson assumia o caixa para conversar diariamente com os clientes. Muita gente, olhando de fora, poderia achar que ele era apenas um tipo mais extrovertido e simpático do que Osvaldo. Mas, na verdade, como empreendedor, Nelson conversava bastante com os clientes todos os dias para obter *feedback* e retroalimentar o monitoramento de seu modelo de negócio. Tanto que acrescentou o diferencial da nutricionista e conseguiu se tornar conhecido, no centro do Rio de Janeiro, como "o lugar mais saudável para almoçar rapidinho". Você percebe? Nelson era capaz de usar aquelas conversas – aparentemente banais – que tinha com os clientes no caixa para adaptar e aprimorar constantemente a sua estratégia comercial, isto é, aumentar a percepção da entrega de valor e alavancar a receita.

Outro exemplo de empreendedor bastante intuitivo na avaliação do modelo de seu negócio é o do Alex, que abriu o serviço de entrega em domicílio de sua pizzaria *premium*. Ele conseguiu aumentar a receita em 30%, mas depois de três meses percebeu que os pedidos no *delivery* estavam diminuindo. Por quê? O empreendedor não pode se limitar apenas a constatar fatos e mudanças no cenário de seu negócio: ele precisa entender o que está acontecendo para reagir, fazendo as adaptações e aprimoramentos necessários.

Instintivamente, Alex se dedicou a uma "pesquisa informal" com 35 clientes. Chamamos essa pesquisa de informal porque não tem caráter estatístico; é somente a confrontação entre os atributos de valor de um produto/serviço e a percepção dos clientes. Alex nem precisou gastar nada. Só investiu o próprio tempo, falando ao telefone com quem já havia pedido pizzas naqueles três primeiros meses. E encontrou a resposta. Para Alex, o principal valor para quem pede pizza em casa era a rapidez da entrega. Só que, na opinião dos clientes, a pizza chegava depressa, mas a qualidade não era a mesma.

Lembra? Os clientes do Alex reclamaram que as pizzas chegavam com o queijo todo revirado. Tinha queijo até na tampa da caixa! Para os clientes dele, portanto, a rapidez da entrega era um valor menos importante do que a qualidade da pizza. Alex resolveu o problema contratando uma equipe própria – e bem treinada – de motoqueiros e eles se tornaram também agentes de relacionamento da pizzaria. Os detalhes dessa história estão lá no Capítulo 6. Se precisar, releia para entender bem a importância e os resultados para o negócio dessa pesquisa "informal".

Alex e Nelson são dois bons exemplos de empreendedores que conseguem usar a intuição para criar rapidamente os próprios instrumentos e ferramentas para fazer a avaliação e a reavaliação constantes do modelo de seus negócios. No entanto, nem todo mundo conta com essa característica comportamental tão desenvolvida. Nesse caso, é preciso estimular essa atitude. Uma maneira de fazer isso, como já dissemos, é voltar a percorrer mensalmente o Mapa do Seu Negócio. Passe a limpo as 9 folhas coloridas que você desenvolveu ao longo da etapa de planejamento e pendure esse painel em uma parede que fique bem em frente à sua mesa de trabalho no escritório da nova empresa. Observe diariamente o comportamento e a reação dos clientes em relação a seu produto/serviço. Invista tempo e atenção nisso. E, ao olhar para aquele painel, volte a se fazer sempre algumas perguntas básicas e essenciais:

- Minha empresa continua a entregar a Proposta de Valor planejada? Ou algo já mudou?

- Os clientes do meu público-alvo continuam a valorizar os atributos que estão sendo entregues?

- Os clientes do meu público-alvo estão percebendo melhor a entrega de valor da minha empresa? Ou estão anestesiados a essa percepção?

- Os clientes da minha empresa mudaram de comportamento? O público-alvo é o mesmo do planejamento ou algo mudou?

- O que mudou e o que continua igual no cenário socioeconômico e cultural do meu país, da minha cidade, do meu bairro?

- Como estão se comportando as receitas mensais? Crescentes? Estáveis? Decrescentes?

- O que mudou nos outros elementos do Mapa do Seu Negócio?

- Uma nova parceria está afetando a receita ou a entrega de valor?

- Os processos de produção e distribuição mudaram? Como se comporta a receita? E a entrega de valor?

- O capital de giro está curto e você mexeu na Estrutura de Custos? Atenção redobrada na entrega de valor e no comportamento da receita!

Para ajudar você nessa tarefa, criamos um "termômetro" que é a Matriz de Avaliação Contínua do Empreendimento, conforme a Figura 11.1. Vamos mostrar agora como aplicá-la na gestão diária de seu negócio.

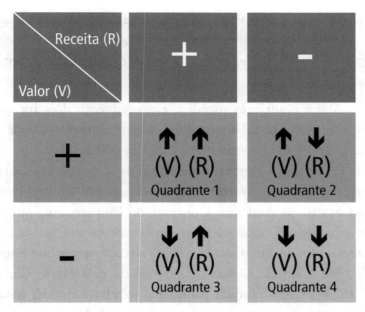

Figura 11.1 – Matriz da Avaliação Contínua do Empreendimento

Para aplicar essa matriz, você não pode esquecer que os 9 elementos do Mapa do Seu Negócio formam um sistema fortemente integrado e inter-relacionado. Dessa forma, toda e qualquer alteração em um deles, por menor que seja, causará mudanças em todos os demais. Então, por exemplo, se você registra uma alteração na receita mensal, pode apostar: a causa estará em um ou em mais de um dos outros oito elementos do seu modelo de negócio. Para não ficarmos na abstração conceitual, vamos colocar essas ideias na prática.

Por exemplo: se você percorreu cuidadosa e atentamente todas as etapas do Mapa do Seu Negócio, conseguiu modelar um projeto capaz de colocar sua empresa no mercado, ocupando o Quadrante 1 da Matriz, isto é, Proposta de Valor sendo entregue e percebida pelo público-alvo, o que resulta em receita crescente. Essa é a situação ideal, mas lamentamos informar que, dificilmente, ela se manterá estável e duradoura porque as circunstâncias mudam dentro e fora da sua empresa o tempo todo. Então, você deve continuar questionando o seu modelo de negócio sistematicamente, fazendo sempre aquelas perguntas "básicas e essenciais", como exemplificamos antes nesse mesmo capítulo.

André é um bem-sucedido empreendedor do setor que costumamos chamar de entretenimento noturno. Desde a década de 1980, ele e mais três sócios se tornaram *experts* em abrir, faturar alto e vender "bares da moda" e, portanto, mesmo sem conhecer esse instrumento, sabem aplicar com precisão nossa Matriz de Avaliação Contínua do Empreendimento. O primeiro negócio de André foi um *single's bar* em São Paulo, na região dos Jardins. Passada a moda das discotecas que bombou com a novela *Dancin' Days*, exibida pela Rede Globo em 1978/1979, a moçada paulistana, solteira e de alta renda – mesmo que paterna – estava sem destino. E André percebeu a oportunidade: estava na hora de trazer um novo conceito de entretenimento noturno.

Ele abriu o primeiro bar para solteiros de São Paulo. Claro, a ideia virou moda e a cidade se encheu de opções de bares com a mesma Proposta de Valor. Nessa época, André e seus sócios já haviam vendido o primeiro negócio e, com o lucro, estavam montando um *lounge bar*. Depois, André viu a oportunidade para um pizza bar e, em seguida, para um sushi bar. Mais recentemente, há uns três anos, abriu o primeiro bar conceito de drinques em São Paulo, revalorizando as bebidas mais requintadas, criadas por mixologistas de primeira linha. Mas, na verdade, já está pensando em vender e lançar uma nova moda: "Faz mais de três décadas que lanço em São Paulo novos conceitos de entretenimento noturno. Quando meu bar pega e a moda está no auge, vendo e parto para outro negócio, outra ideia."

Aplicada à Matriz de Avaliação Contínua do Empreendimento, essa modelagem de negócios utilizada por André nos dá a seguinte interpretação: ao identificar a oportunidade de pioneiramente abrir um novo conceito de bar para um público-alvo bastante específico e já conhecido, o negócio está no Quadrante 1, ou seja, alta percepção da entrega de valor pelos clientes e alta rentabilidade. Só que André já aprendeu que, quando a moda pega para valer, seu novo bar fica conceitualmente envelhecido. Há grande concorrência, muitos bares semelhantes e o público-alvo começa a dar menos valor à sua proposta. Esse é o momento em que seu empreendimento está no Quadrante 3 (queda de percepção de valor e rentabilidade ainda em alta), mas tende a migrar para o Quadrante 4 (queda de percepção de valor e rentabilidade também em queda). Para André, o momento certo de vender e partir para outra é quando o negócio está no Quadrante 3.

Já para outros empreendedores, essa é a hora de inovar para se adaptar ao novo cenário. Você se lembra do Ricardo, filho do alfaiate e camiseiro cuja história apresentamos no Capítulo 3? Ele identificou que o negócio estava com queda de receita porque o público-alvo estava deixando de valorizar camisas sociais de qualidade, feitas sob medida. Portanto, o empreendimento paterno estava operando perigosamente no Quadrante 4 (queda de percepção de valor e queda de receita). Ele poderia ter pensado em fechar ou trocar de negócio, mas não quis abrir mão do *know-how* que já estava na família há décadas. Portanto, optou por inovar, dinamizar e ampliar o empreendimento já existente.

Como Ricardo conseguiu fazer isso? Sentou diante do painel com as 9 folhas coloridas do Mapa do Seu Negócio. Fez as perguntas "básicas e essenciais", pensou muito, foi ao mercado para observar o comportamento dos clientes e contrapôs suas ideias com a realidade. Nesse processo, ele identificou que a queda de receita se devia, principalmente, ao fato de os clientes da empresa estarem se aposentando e passando a usar menos camisas sociais sob medida. Era preciso rejuvenescer o Segmento de Clientes. Como? Não seria possível conseguir isso sem mudar a Proposta de Valor. Os executivos mais jovens dão mais valor à conveniência da compra do que a camisas de alta qualidade, feitas sob medida. Ou seja, para eles, é mais fácil comprar uma camisa de grife pela internet – mesmo que as mangas fiquem um pouco compridas demais – do que ir até a oficina de um camiseiro requintado. Ao chegar a essas conclusões, Ricardo entrou em ação para atingir os seguintes objetivos:

1) Rejuvenescer e ampliar o público-alvo, acrescentando conveniência à Proposta de Valor com quiosques da camisaria dentro de grandes empresas;

2) Modernizar o processo de venda e o canal com o lançamento de um site da camisaria pelo qual os executivos já clientes podem fazer novos pedidos.

Como resultado, em seis meses, a "nova" camisaria do Ricardo conseguiu migrar do Quadrante 4 para o Quadrante 2 e, no ano seguinte, já estava operando novamente no Quadrante 1. Mas não pense que Ricardo é um empreendedor conservador e pouco inovador, porque preferiu adaptar o antigo negócio do pai ao diagnóstico que fez do cenário. Ao contrário, ele é bastante irrequieto e continua sentando todos os meses diante do painel com o Mapa do Seu Negócio e a Matriz de Avaliação Contínua do Empreendimento. Outro dia mesmo observou que as mulheres voltaram a usar camisas sociais com corte masculino e estampas florais e já fez uma ação de Relacionamento com os Clientes: quem indica a esposa, a namorada ou uma amiga recebe desconto de 30% na próxima encomenda pelo site da camisaria.

Para você que está lendo este livro e ainda não entrou para valer na ação empreendedora, pode ser que tudo o que escrevemos até aqui pareça óbvio, simples e fácil. E você pensa assim: "Então, é isso: primeiro, a gente planeja, planeja e planeja e, depois de abrir a empresa, basta sistematizar o monitoramento e o aperfeiçoamento do modelo de negócio para manter a operação no Quadrante 1 (valor e receita em alta)". Lamentamos informar que, na prática, nem tudo é tão simples. Quando a gente está com a mão na massa, no dia a dia de uma operação empreendedora, por melhores que sejam as competências, habilidades e o rigor na aplicação das ferramentas de gestão, às vezes, não consegue "ver" o que está realmente acontecendo na empresa e no cenário.

Você, com certeza, não esqueceu aquele exemplo que demos do Edgar, que é dono da fábrica de móveis de junco com medidas customizadas (detalhes no Capítulo 4). Ele faz tudo muito bem feito: seus móveis têm qualidade, prazo de entrega e diferenciação. Mas, apesar disso, a geração de receita estava estagnada. Edgar sabia que estava em dificuldades, mas não conseguia "ver" onde estava o problema.

Aplicando a esse caso a Matriz de Avaliação Contínua do Empreendimento, você diria que o negócio do Edgar está em qual quadrante? Os clientes percebem a entrega de valor dos móveis de junco com medidas personalizadas, mas a receita não cresce. Portanto, está no Quadrante 2 (valor em alta e receita em queda) com tendência a entrar no Quadrante 4. Não esqueça: a estagnação da receita é a antessala da receita em queda. Portanto, algo precisava ser feito com urgência para revitalizar o empreendimento do Edgar.

Mas a razão de estar operando no Quadrante 2 é o problema que ele não consegue enxergar, certo? Se ele aplicar a Matriz de Avaliação Contínua do Empreendimento, com certeza, vai conseguir chegar a essa mesma conclusão. E daí? Onde está e qual é o problema do Edgar? Qual é o diagnóstico e quais providências devem ser adotadas para aprimorar os resultados da empresa? Que instrumentos ele poderia aplicar para descobrir o que de fato está acontecendo? Adiantaria, por exemplo, investir mais tempo para ouvir os clientes? Que tipo de *feedback* poderiam oferecer? Por certo, eles apenas reafirmariam algo que Edgar já sabe: seus móveis de junco têm boa qualidade, prazo de entrega e valor pela customização das medidas. Você acredita que algum cliente diria a única frase que ele estava precisando ouvir: "Seus móveis são ótimos, tão bons e personalizados, que você poderia colocar pelo menos 75% a mais no preço de cada peça"? Para você lembrar melhor do caso, abaixo está a tabela com o cálculo que fizemos no Capítulo 4 sobre a perda de receita:

> **@tuitando:**
> Às vezes só um suporte externo tem o poder de "acender a luz" para o óbvio que nos escapa!

Preço do sofá **sem** medidas personalizadas:	R$ 1.400,00
Valor dado pelo cliente à customização:	+ 25%
Valor potencial do sofá customizado:	R$ 1.750,00
Preço do sofá **com** medidas customizadas:	R$ 1.000,00
Perda entre preço e valor:	R$ 750,00 por sofá customizado

A sorte do Edgar foi que, entre suas qualidades e competências empreendedoras, está a sabedoria de buscar ajuda na hora certa. Quando ele sentiu que estava diante de um problema "invisível" aos seus olhos, começou a conversar com os amigos, com os clientes, procurando assessoria. E foi assim que ele acabou contratando o Lucas, que, além de cliente, é consultor de empresas. Aprofundando-se nos detalhes da operação, nosso amigo conseguiu fazer Edgar entender que seu principal problema é que ele próprio não estava "vendo" a Proposta de Valor do negócio e, por isso, não precificava os móveis adequadamente.

Com o apoio e o suporte técnico de Lucas, a partir dessa "iluminação", Edgar foi capaz de identificar e resolver outros problemas de sua empresa, que eram todos consequência do principal: não ver a própria entrega de valor para os clientes. Para reverter a tendência de queda de receita e voltar a operar no Quadrante 1 (valor e receita em alta), ele adotou as seguintes providências:

1) Passou a comunicar ao mercado – em todos os materiais de divulgação – a Proposta de Valor da empresa nessa ordem: customização de medidas, qualidade e prazo de entrega;

2) Fez uma pesquisa com produtos similares não customizados e passou a praticar – de imediato – preços em linha com a média da concorrência;

3) Definiu como objetivo chegar gradativamente a vender móveis customizados 25% mais caros do que a média da concorrência sem medidas personalizadas;

4) Foi deixando de terceirizar sua Atividade-Chave, isto é, a produção dos móveis de junco com medidas personalizadas;

5) Escolheu os melhores ex-terceirizados e fez proposta de contratação CLT com salário 25% mais alto do que a média do mercado;

6) Pediu aos agora novos funcionários a indicação de outros marceneiros para contratar com salário na média do mercado;

7) Fez parceria com uma escola técnica para treinar novos aprendizes para contratar com salário na média do mercado;

8) Definiu como meta dobrar a produção de móveis em dois anos;

9) Aprendeu a percorrer o Mapa do Seu Negócio e a aplicar a Matriz de Avaliação Contínua do Empreendimento. Ele faz esse exercício de lógica empreendedora todos os meses;

10) Aprendeu a buscar suporte técnico externo rapidamente, sempre que identifica pela Matriz uma tendência de queda no indicador de valor e/ou de receita e não consegue diagnosticar a razão.

Bom, então, vamos chegando ao fim deste livro. Até aqui acreditamos ter cumprido nosso compromisso de não tratar o empreendedorismo somente a partir de seus fundamentos teóricos e conceituais. Mas oferecer a você, principalmente, histórias, casos, exemplos, testes, ferramentas e instrumentos que materializem a lógica do negócio diante de seus olhos. Se você abrir as portas de sua empresa, consciente de que terá que a inventar e reinventar todos os dias, vai aumentar as chances de sobreviver à "prova de fogo" dos primeiros dois anos e de ter uma empresa bem-sucedida no quinto ano de operação. E, esteja certo, escrevemos esse livro com este objetivo.

No entanto, ao relermos o texto até aqui, nós três começamos a achar que, apesar de já estar tudo dito sobre o Mapa do Seu Negócio e sobre a Matriz de Avaliação Contínua do Empreendimento, ainda estava faltando falar de alguns temas importantes para o sucesso empreendedor. Assim, decidimos escrever mais um capítulo. Na verdade, uma miscelânea de dicas sobre rotina, marca, comunicação, escolha de sócio, contador, contratação de funcionários e muitos outros pontos que, apesar de não se "encaixarem" nos outros capítulos não são menos importantes. Assim, no próximo capítulo, talvez você encontre resposta para aquelas suas perguntas mais frequentes. Para facilitar a leitura e a localização das questões de seu interesse mais específico, fizemos o capítulo em forma de Perguntas e Respostas. Tomara que também seja útil.

Dicas

• Quando abre as portas, a empresa não gera receita no dia seguinte. Os clientes vão ter que conhecer e apreciar sua Proposta de Valor. Isso leva um tempinho, calma! Persevere.

• Quanto mais inovador e diferenciado for seu produto/serviço, mais tempo os clientes podem levar para "aprender" a gostar dele. Isto é, mais demora para a geração de receita.

• Na dúvida sobre a dica acima, leia mais sobre a curva de adoção de Everett Rogers (é só buscar na internet).

• Até o negócio começar a gerar receita e alcançar a lucratividade, você vai precisar contar com capital de giro para manter as portas abertas. Quanto? A conta é fácil: total mensal estimado de custos operacionais vezes 12 meses. Para ser mais conservador e cauteloso, multiplique por 18 meses.

• Se você já está com as portas abertas e não fez essa estimativa prévia da necessidade de capital giro, vai precisar saber quantos meses tem até a lucratividade chegar. A conta também é fácil. Total de capital ainda disponível dividido pelo total do custo operacional por mês.

• Se o capital de giro disponível está muito curto para esperar a lucratividade, você vai ter que cortar custos. Lembrando, claro, que não se mexe em custo que prejudica a Proposta de Valor do negócio (Capítulo 10).

• O melhor jeito para você inovar e reinventar seu negócio é aplicar todo mês a lógica do Mapa do Seu Negócio e a Matriz de Avaliação Contínua do Empreendimento.

• Mesmo assim, nem sempre o empreendedor consegue "ver" o que anda errado com sua empresa. Sempre que se sentir diante de uma encruzilhada sem entender a razão, procure suporte técnico externo. Rápido! Não espere ficar sem fôlego financeiro.

❝❝ O tiro no pé é...
...acreditar que é capaz de gerenciar sem medir resultados."

CAPÍTULO 13
A rotina e outras questões

Como prometemos no fim do capítulo anterior, agora estamos abrindo espaço para conversar um pouco sobre algumas questões, que, apesar de não serem diretamente ligadas ao Mapa do Seu Negócio, são importantes para todo empreendedor: escolha do sócio, seleção de funcionários, familiares na empresa, falta de capital inicial e a rotina na administração (que pode ser sua melhor amiga ou inimiga).

Rotina: aliada ou inimiga?

A rotina é nossa melhor arma contra a desorganização, a perda de tempo e o caos. Só que, ao mesmo tempo, pode se tornar um de nossos piores inimigos, especialmente se você está começando a colocar em prática seu projeto empreendedor. Por mais que uma pessoa seja inovadora, irrequieta e realizadora, sempre existe dentro da gente a tendência à repetição. Ainda bem. Já pensou como seria difícil e cansativo acordar todos os dias pela manhã e ter que planejar detalhadamente cada dia, todos os dias? Desde o que você vai comer no café da manhã até o caminho que vai fazer para o trabalho e as primeiras tarefas do dia? Todo mundo tem que fazer muitas escolhas diariamente – das mais básicas às mais complexas, das bem previsíveis às mais imprevistas. E, portanto, diminuir um pouco essa carga diária de decisões é sempre muito gratificante e reconfortante. A rotina nos dá realmente esse alívio, quer ver?

Você vai sair com o carro de manhã e percebe que esqueceu de colocar gasolina ontem à noite. Além de ficar bravo e perder um pouco do bom humor, vai ser obrigado a fazer uma escolha: se parar agora no posto para abastecer, corre o risco de chegar atrasado à reunião; se não abastecer, corre o risco de ficar sem combustível no meio da rua – e atrasar mais ainda. É banal, mas você vai ter que decidir: é melhor parar no posto ou

> **@tuitando:**
> Pela Lei de Murphy, esse tipo de coisa só acontece quando a reunião é muito importante!

pisar fundo no acelerador, apostando que o combustível vai dar para chegar sem atraso à reunião?

Para evitar esse pequeno dilema é que você criou o hábito de abastecer o carro toda quarta-feira à noite, certo? Certíssimo. É por isso que a gente estabelece regras e hábitos diários. O objetivo da rotina é evitar os imprevistos para diminuir um pouco o número de escolhas e decisões que temos que tomar diariamente. A rotina é uma espécie de porto seguro no qual a gente não precisa parar para pensar antes no que vai fazer depois. Evita que você se perca na desorganização, nos atrasos ou no desgaste da procura eterna pelos objetos deixados fora do lugar. Vamos dizer que a rotina é nosso antídoto contra os imprevistos e contra o excesso diário de escolhas. Quem não consegue estabelecer esse tipo de costume vive emaranhado na própria desorganização.

@tuitando: O empreendedor está proibido de ligar o GPS e desligar o cérebro!

Em compensação, também é a rotina a responsável por você ter chegado atrasado naquela reunião importante do mês passado, quando estava negociando um aporte de capital com um investidor. Por quê? O que aconteceu? Você cumpriu rotineiramente todos aqueles hábitos matinais, acordou na hora certa, colocou terno e gravata, o carro estava abastecido e, mesmo assim, atrasou mais de meia hora. É que chegou naquela avenida pela qual você passa todos os dias para ir ao trabalho e, em vez de virar à direita para ir à reunião, virou à esquerda como se estivesse indo para sua empresa! Só que o retorno era bem longe e o trânsito, só para variar um pouco, estava infernal. Atire a primeira pedra quem nunca errou um caminho, enquanto dirigia, porque no meio do trajeto esqueceu para onde estava indo de verdade naquele dia. Você nem ouviu a voz do GPS gritando que o caminho estava errado! Dessa vez, a culpa é justamente da força do hábito, da rotina. A gente fica tão acostumado a fazer determinado trajeto que se esquece de PENSAR e até de OUVIR!

É esse exatamente o aspecto negativo da rotina no dia a dia de um empreendedor: afinal, ela, por mais reconfortante que seja e por mais alívio que traga, embota e entorpece nossos sentidos. Pode ser um antídoto contra imprevistos, mas é também o atalho mais curto para a cegueira empresarial. Portanto, se você quer estar preparado para sobreviver e se fortalecer como empreendedor, criamos uma única regra geral a ser seguida, que não admite exceção: **crie a rotina de sair da rotina**.

> **@tuitando:**
> É a rotina que esconde o óbvio que ulula diante dos nossos olhos.

Vale observar: claro, não estamos falando para você reinventar regras, normas, rotinas e processos operacionais e administrativos diariamente na sua empresa. Tudo isso tem muito valor e é importante que seja planejado, predefinido e as responsabilidades atribuídas a cada funcionário. Assim como no nosso dia a dia, a rotina é importante para evitar imprevistos e decisões desnecessárias e desgastantes; também na empresa as normas e processos cumprem esse papel.

O que estamos dizendo é que, como empreendedor, sua visão estratégica não pode entrar nessa rotina por mais confortável que possa parecer. Não somos a favor da mudança pela mudança, isto é, aquelas tentativas de reinvenção de uma empresa que são mais fruto da paranoia do que da real percepção de que é necessário inovar. No entanto, também não podemos ser favoráveis a "dormir em berço esplêndido" – mesmo que seja no delicioso embalo do sucesso.

Os negócios vão indo bem? Você aplicou no mês passado a Matriz de Avaliação Contínua do Empreendimento e chegou à conclusão de que o negócio permanece no Quadrante 1 (Proposta de Valor e receita em alta)? Portanto, ficou tranquilo: apagou a luz, fechou a porta, ligou o alarme e foi para casa dormir o sono dos justos. Amanhã, ao acordar, você pretende fazer tudo igual e se pergunta feliz: por que mudar se está indo tudo bem? Pedimos desculpas por tirar você desse alegre devaneio, mas o empreendedor tem que estar sempre com os cinco sentidos em alerta, pronto para mudar antes que a transformação do cenário atropele seu negócio ou, no mínimo, para adaptar rapidamente o empreendimento à nova realidade.

> **@tuitando:**
> Esqueça o chavão "não se mexe em time que está ganhando". Sempre que precisar, mude!

Temos certeza de que até aqui está tudo bem: mesmo que você tenha um perfil com maior tendência a gostar de rotinas, já entendeu as boas razões pelas quais deve evitá-las na sua estratégia de negócios. Em nossas palestras, seminários e treinamentos para empreendedores e futuros empreendedores, no final, ninguém costuma ter dúvidas sobre a importância de fugir da visão estratégica rotineira, da necessidade de o empreendedor evitar a anestesia dos sentidos, principalmente da visão e da audição. É fundamental conseguir enxergar o que está acontecendo ao seu redor, identificar problemas, ameaças e oportunidades dentro e fora da empresa, ouvir o mercado e, principalmente, os clientes em busca da renovação da Proposta de Valor do seu negócio.

A grande dúvida da maioria das pessoas quando falamos sobre a regra "crie a rotina de sair da rotina" é a seguinte: **"Como faço para sair da rotina e impedir que meus sentidos de empreendedor sejam entorpecidos pelo dia a dia dentro da empresa?"** De fato, a rotina é tão sedutora e envolvente que é preciso criar um método, um esquema, uma sistemática para conseguir escapar dela. Ou seja, encontrar uma rotina para fugir da rotina.

Foi só conseguindo escapar da perspectiva rotineira, por exemplo, que os fabricantes de aveia conseguiram reconquistar mercado. Apesar de suas excelentes características como alimento funcional, o cereal era visto pelos consumidores como um produto indicado para fazer mingau para crianças e idosos. Com essa imagem, o consumo de aveia estava em queda. Era preciso ampliar o mercado e mostrar que a aveia também é um ótimo alimento para todo mundo que gosta de cuidar da saúde e faz ginástica para se manter em forma.

Foi tirando o olhar da rotina que os executivos do setor enxergaram a oportunidade de criar as barrinhas de aveia e passaram a promover o produto nas lanchonetes instaladas nas academias de ginástica. Hoje em dia, a maior fatia de consumo de aveia está entre os jovens atléticos. Sem dúvida, um resultado de mercado bem mais interessante do que insistir em ampliar o consumo entre bebês e idosos, embora esses fossem os consumidores tradicionais – o mercado rotineiro entre os fabricantes de aveia.

Bom, está certo, você já entendeu que é importante conseguir libertar o olhar estratégico da rotina para reinventar constantemente o seu negócio. Existem muitos livros que já trataram dessa questão exaustivamente. A sua questão é COMO fazer isso. Não existe um método único; cada empreendedor deve buscar o seu. Mas, ao longo de nossa vivência, verificamos que algumas atitudes trazem bons resultados para diversos empreendedores:

• estimular os cinco sentidos;

• aumentar a disposição para o aprendizado contínuo;

• ampliar a capacidade de suas múltiplas inteligências;

• encontrar soluções de reinvenção e inovação para seus negócios.

O primeiro passo é compreender o conceito de Inteligências Múltiplas, desenvolvido a partir da década de 1980 por um grupo de cientistas de Harvard, liderado pelo psicólogo Howard Gardner. Esse trabalho pioneiro resultou no livro *Estruturas da mente* que, em 2011, foi revisto e atualizado por Gardner. De início, ele propunha que cada um de nós conta com sete diferentes tipos de inteligência. Atualmente, considera que temos também a inteligência naturalista, que é a capacidade de perceber, compreender e organizar os fenômenos da natureza. E questiona, pedindo ainda prudência, a existência também da inteligência existencialista, aquela que nos possibilitaria refletir sobre as grandes questões da vida, da morte e da existência (Figura 12.1).

@tuitando:
Para saber mais leia FAQ no site de Gardner:

Figura 12.1 – Inteligências Múltiplas de acordo com Gardner

Ao parar para pensar um pouco sobre esse conceito das inteligências, com certeza, já identificou quais delas são mais evidentes no seu perfil. Se você costuma se comportar de modo mais extrovertido, relacionando-se facilmente com os outros, é bem provável que sua inteligência interpessoal seja mais desenvolvida do que a intrapessoal. Caso prefira cuidar da contabilidade e não goste muito de ir às reuniões com clientes para vender o produto/serviço de sua empresa, é possível que tenha desenvolvido melhor a inteligência lógico-matemática do que a linguística. E assim por diante.

Essa simples constatação, porém, não leva você a lugar nenhum. O fato, segundo Gardner, é que todos nós nascemos com todo esse arsenal de diferentes inteligências – em potencial. Nosso relacionamento com as outras pessoas e a integração com o ambiente é que vão estimulando e desenvolvendo diferentemente cada uma delas. É assim que gêmeos idênticos contam com a mesma estrutura genética e diferentes expressões práticas de suas inteligências na vida adulta. Isto é, se um dos irmãos gêmeos é ótimo pianista e até compõe, não quer dizer que o outro não possa ser um excelente arquiteto. É a vivência de cada um que vai estimulando mais a inteligência musical de um e a inteligência espacial de outro.

Só que, como empreendedor, para reinventar e inovar constantemente, você precisa estar com os cinco sentidos alertas e, portanto, com todas as ferramentas de suas múltiplas inteligências muito bem afiadas. Então, depois de perceber quais são os tipos que você já tem mais desenvolvidos, o próximo passo é identificar justamente aqueles que, ao longo da vida, ficaram em segundo plano. E, aí, a partir desse autodiagnóstico, ir atrás dos estímulos externos necessários para fortalecer essas outras inteligências que ficaram mais latentes dentro de você.

Mas, aqui, voltamos à sua pergunta: COMO? Embora, não seja uma fórmula mágica – aquilo que todo mundo quer e ninguém tem –, consideramos que existem algumas sugestões que podem ser facilmente seguidas por você. Pelo menos, para começar a exercitar e estimular o desenvolvimento de todas as suas inteligências.

6 sugestões de rotinas para sair da rotina

1) Não tente escapar. Coloque na parede em frente à sua mesa de trabalho as nove folhas coloridas do Mapa do Seu Negócio e todos os meses reveja o modelo. Esse processo já foi detalhado no Capítulo 11. Por exemplo, defina que o melhor dia e a melhor hora para dar essa pausa para refrescar as ideias sobre a empresa é "toda primeira quarta-feira do mês das 11 da manhã ao meio-dia".

2) Só que para não repetir "a mesma reza" todos os meses, você vai precisar de estímulos externos. Sua motivação interior é muito importante porque lhe garante a perseverança diante dos problemas. Porém, para exercitar as múltiplas inteligências,

você precisa contar com *inputs* externos. O empreendedor é um solitário: a operação do negócio exige muito tempo e energia, mas essa é – exatamente – a rotina do mal. Isso é o que faz você agir e reagir no "modo automático". Faça um esforço extra e quebre o círculo vicioso da "falta de tempo" para refletir.

3) A primeira rotina na "hora da pausa para pensar" é fazer uma agenda ao longo do mês seguinte para: visita aos clientes, conversa com consultores e amigos, participação em eventos, seminários, almoço em entidades setoriais. Selecione cuidadosamente duas atividades por mês, agende e vá participar, integrar-se, conhecer, colaborar. Pode ter certeza que, a primeira vez que você fizer essa agenda para você mesmo e não cumprir, "a rotina para sair da rotina" estará indo por água abaixo! Isto é, se você não consegue cumprir a agenda para sair da rotina, vai cair na rotina.

Também planeje duas viagens de "férias" por ano. Bastam dez ou quinze dias. Não é só para descansar, embora isso também seja muito importante. Porém, mais do que férias, agende viagens para locais bem diferentes e encontre tempo para ir conhecer negócios similares à sua empresa. Como é que "eles" fazem? Quais as vantagens? As desvantagens? Que problemas enfrentam? Quais são as inovações? Em que aspectos e por quê? Às vezes, nem é preciso marcar reunião de *benchmark* com o proprietário da empresa visitada. Caso você seja dono de uma cafeteria, por exemplo, não deixe de frequentar esse tipo de local em todas as cidades do mundo em que estiver. Basta estar lá como cliente e colocar as habilidades de observação e empatia em ação! Você vai descobrir muita coisa, podemos garantir. Pode ser que sua mulher, que está junto nas férias, reclame um pouco: "Ah, fulano... em qualquer cidade que a gente vai, você tem essa mania de ficar me levando às cafeterias!" Não leve a mal esse tipo de comentário. Nem todo mundo entende o enorme prazer que os verdadeiros empreendedores têm em "trabalhar". O verbo foi posto entre aspas porque quem trabalha com prazer não cansa. Ainda mais durante uma viagem de "férias". Tenha certeza que essa é uma ótima oportunidade para relaxar, arejar as ideias e ter *insights* inovadores.

4) Forme – com toda calma, mas sistematicamente – um grupo de pessoas de fora de seu círculo mais próximo de familiares, amigos e colegas de profissão. Procure identificar especialmente pessoas que, além de distantes de você, pensem de modo bem diferente. Por exemplo, você costuma ser mais conservador no processo de adoção de novas tecnologias. Então, tente identificar "o amigo de um amigo do amigo" que seja "o nerd". O objetivo é esse mesmo: ter a oportunidade de sair para almoçar e conversar com pessoas que vejam o mundo e o cenário com olhos bem diferentes dos seus. Adianta tentar reinventar o seu negócio, saindo para conversar com aquele seu amigo que pensa exatamente como você? Aliás, é por isso mesmo que vocês são amigos há tanto tempo! Adianta pedir opinião para o seu pai que sempre lhe dá o maior apoio? Para estimular as inteligências que contribuem para a inovação, a regra de ouro é: busque sempre gente que tenha um ponto de vista diferente e seja capaz de discordar de você. Na teoria das redes sociais, Mark Granovetter denomina essas pessoas distantes e capazes de nos trazer contribuições importantes de "laços fracos".

> **@tuitando:**
> Leia mais sobre o poder das redes sociais e dos "laços fracos" no livro *Conexões empreendedoras*, de Renato Fonseca de Andrade.

5) Depois de fazer sua agenda e de buscar pessoas novas e diferentes para conversar (para que existe o Facebook e o LinkedIn? Não é para a gente entrar em contato só com quem já conhecemos, certo?), sente confortavelmente diante das folhas coloridas do Mapa do Seu Negócio. Primeiro, repasse cada um dos 9 elementos que você definiu para construir o modelo do negócio. Caso tudo pareça continuar coerente e em harmonia, tente criar "crises".

Quando a gente fala que cada crise traz embutida também uma oportunidade, isso não é só discurso. É a mais pura verdade: fato constatado pela ciência da administração. Mas, em vez de esperar que a crise aconteça para reagir e adaptar sua empresa ao novo cenário, que tal simular "crises"? Mude radicalmente um dos 9 fatores que integram o Mapa do Seu Negócio. Por exemplo, se você abriu uma lanchonete *premium* direcionada a jovens de alta renda, pense como você faria para seguir adiante com sucesso se...

a) ...de repente, a conjuntura econômica mudasse e você tivesse que oferecer sanduíches com Proposta de Valor atraente para jovens de baixa renda.

b) ...o imóvel pegasse fogo e, depois de receber o seguro (você tem um?) fosse preciso recomeçar a empresa do zero.

c) ...a Proposta de Valor do seu produto ficasse obsoleta. Agora, toda lanchonete da sua cidade oferece sanduíches muito saborosos em um ambiente bonito com preço acima da média.

d) ...você perdesse o principal parceiro no fornecimento de ingredientes de qualidade.

e) ...o *chef*, que é seu sócio e "assina" as receitas da lanchonete *premium*, rompesse o contrato.

6) Por fim, nesse seu tempo mensal para repensar o Mapa do seu Negócio, eleja "marcadores" em uma linha do tempo para que você consiga perceber e registrar como o negócio está evoluindo e, mais do que isso, como você está se aprimorando como empreendedor. Pegue uma folha de papel colorido e trace uma linha dividida em 5 partes. Cada uma delas representa um ano de operação da empresa. Portanto, estamos diante de um pedaço de papel que vai representar os grandes marcos conquistados nos primeiros 5 anos de operação do seu empreendimento. De acordo com as metas traçadas no planejamento, assinale sobre a linha do tempo as conquistas visadas. Por exemplo: 1) abertura de portas; 2) ponto de equilíbrio de custos e receitas; 3) primeiro lucro; 4) quitação da dívida no banco; 5) retirada mensal ideal dos sócios, e assim por diante.

Essas 6 sugestões para quebrar a rotina, como já dissemos, não são nenhuma garantia de que você vai conseguir manter seu negócio em operação de maneira inovadora e sempre capaz de superar as mudanças no cenário e nem os riscos e incertezas que certamente vão surgir. Mas é bem provável que sejam capazes de impedir a anestesia dos seus sentidos e o atrofiamento das suas inteligências. Depois disso, só podemos garantir uma coisa: de forma natural, quase sem dor, você vai encontrar seu próprio jeito de se tornar um empreendedor em permanente prontidão. Para você, o "modo automático" vai cair em desuso e o óbvio vai ser sempre um pouco mais visível. Portanto, é isso que gostaríamos de conversar com você sobre rotina, quando se trata de pensar a estratégia de sua empresa: FUJA DA ROTINA!

E outras "pequenas" questões

Ao longo da redação deste livro, nós, os autores, fizemos uma enorme quantidade de reuniões e tivemos tantas conversas que agora nos parecem incontáveis. Muitas ideias surgiram e foram sendo descartadas, modificadas e adaptadas, afinal, não poderíamos escrever tudo sobre empreendedorismo. Logo, nosso objetivo é ajudar você a percorrer o Mapa do Seu Negócio. Assim, algumas outras questões relevantes para o empreendedor brasileiro foram deixadas para um próximo livro. Porém, chegamos à conclusão de que não poderíamos simplesmente deixá-los passar em branco. Dessa forma, decidimos que, mesmo de modo bastante sucinto e no formato de perguntas e respostas bem curtas, nós não podíamos deixar de conversar com você sobre os seguintes pontos:

1– "Como é que eu faço para escolher o melhor sócio? Fico com meu melhor amigo ou vou atrás de

um 'desconhecido' que possa entrar com capital no negócio?"

Resposta: Nem o melhor amigo, nem o desconhecido com dinheiro. Não é assim que a gente escolhe sócios. Antes de tudo, é bom você estar alerta para a seguinte realidade: você vai conviver no dia a dia mais com seu(s) sócio(s) do que com sua mulher ou marido. Como empreendedor, você trabalhará muito todos os dias e, às vezes, até nos fins de semana. Especialmente no começo, seu novo negócio vai lhe deixar pouco tempo para a família, a esposa ou marido, filhos e, principalmente, para "discutir a relação".

Por outro lado, você vai passar todo esse tempo justamente com seu(s) sócio(s). Assim, é fundamental que, se for preciso ter sócio(s), que ele(s) e você estejam em absoluta sintonia. Como fazer isso? Em primeiro lugar, aqueles exercícios que propusemos desde o primeiro capítulo deste livro sobre **autoconhecimento**, empatia e capacidade de observação também são extremamente úteis na hora de pensar a sociedade. Se você não se conhecer bem, não pode saber que competências buscar em um sócio para complementar as suas. Entre as características de um bom sócio está a **complementariedade de competências**. Se você gosta de vender, de falar com as pessoas, mas detesta números e papéis, é recomendável que tenha um sócio que seja mais inclinado à área administrativo-financeira do que à de vendas. E vice-versa.

Em seguida e igualmente importante, vem o **compartilhamento de valores**. Lembra, lá no Capítulo 9, da história da Rosana e da Iara, as duas jornalistas que abriram uma agência de comunicação corporativa? Pois é, elas tinham, com certeza, complementariedade de competências, mas não compartilhamento de valores. Além de a Rosana ter cometido o equívoco de passar para um terceirizado uma atividade-chave da empresa (detalhes do caso e conceitos no Capítulo 9), durante o período em que as duas se aguentaram como sócias, houve muitos conflitos em relação a dinheiro. Basta dizer: sempre que entrava uma receita extra ou um novo cliente, Rosana pressionava Iara, responsável pela gestão contábil-financeira, para que liberasse mais dinheiro para as duas, além do pró-labore mensal.

A questão é que Rosana queria trocar o carro por um melhor, viajar de férias para a Europa e comprar roupas de grife, enquanto Iara achava que o pró-labore mensal era o suficiente, pelo menos, enquanto a empresa estivesse precisando de reinvestimentos mais pesados nos primeiros anos de operação. Rosana e Iara tinham um grande problema: escala de valores bem diferentes. Quando os sócios não compartilham valores, pode escrever: mais cedo ou mais tarde, um deles sai do negócio ou, pior, a empresa quebra.

Portanto, para escolher um sócio, não pense se ele é amigo ou quase desconhecido, ou muito rico. Ao escolher o sócio, avalie, faça um exercício de autoconhecimento, empatia e observação. E, depois disso, responda: 1) Você precisa mesmo de um sócio? Lembre-se que vai passar muito tempo diariamente com ele 2) Quais são suas competências mais fracas? 3) O candidato a sócio tem competências complementares às suas? 4) Refaça, no Capítulo 7, o exercício "No divã: qual sua relação com o dinheiro?" 5) Aplique o mesmo teste no candidato a sócio 6) A seguir, converse bastante sobre expectativas em relação à empresa: o sócio quer ser famoso ou ficar rico? E você? Qual o valor que vocês dão às férias, ao descanso, ao cônjuge, aos filhos? Então, depois de analisar com muita calma e tranquilidade se vocês têm competências complementares e compartilham valores, caso as respostas sejam positivas, apresente sua proposta de sociedade, detalhando tempo de dedicação necessário e/ou aporte de capital.

2 -"Como é que eu faço para selecionar os melhores funcionários para minha empresa? Tenho muitos

medos em relação a isso... Tenho medo de acabar contratando pessoas inadequadas e, por outro lado, tenho medo também de contratar bons profissionais no mercado e, como o negócio está apenas começando, se alguma coisa der errado, posso ter que demitir. Como fazer na hora de contratar?"

Resposta: Essa pergunta é extremamente frequente entre os empreendedores de primeira viagem, além de ser uma questão altamente complexa. Brevemente, podemos dizer que, para contratar funcionários, você deve aplicar o mesmo raciocínio da resposta anterior sobre a escolha de sócio(s): autoconhecimento, competências complementares e compartilhamento de valores.

Acrescente, além disso, uma detalhada descrição de atribuições e responsabilidades de cada funcionário a ser contratado. Ou seja, tenha em mãos, durante a conversa de seleção, a descrição do trabalho a ser feito e verifique a capacidade do candidato em cada uma das futuras atribuições. Se você não souber o que o funcionário vai fazer – quando, com quem e como –, não vai dar para escolher o melhor profissional. Defina antes o que quer para saber escolher o funcionário que você precisa de fato. E dê ênfase igualmente às características comportamentais do candidato para não precisar demitir um ótimo técnico que só cria "clima" no ambiente de trabalho.

Quanto a possíveis demissões, existem duas situações diferentes. Depois de contratar, procure certificar-se o mais depressa possível de que a pessoa desempenha realmente, de acordo com o que demonstrou durante o processo de seleção – da assistente de serviços gerais ao diretor executivo, ninguém deve escapar desse seu escrutínio. Caso você observe episódios recorrentes de que a prática não corresponde ao discurso na entrevista, não titubeie: é sempre muito doloroso ter que demitir um profissional, mas é bem provável que você esteja evitando problemas bem mais difíceis no futuro.

Na segunda situação, você pode ter selecionado realmente muito bem, o profissional está desempenhando acima das expectativas, porém a empresa é que enfrenta problemas financeiros difíceis de superar. Se, desde o início tudo foi planejado de forma consistente, é pouco provável que surja **repentinamente** um obstáculo intransponível. Mas pode acontecer. Às vezes, um dos sócios adoece gravemente ou acontece um imprevisto calamitoso. Fazer o quê? Antes de mais nada, não demita de uma hora para a outra: você deve conversar abertamente com os profissionais contratados e mostrar com transparência que a situação está muito difícil. Isso dá chance a eles para que rapidamente busquem novas oportunidades no mercado de trabalho. Depois de alguns meses, se for mesmo inevitável, faça as demissões sem sentimentalismos, mas atendendo a todas as exigências legais, previdenciárias e trabalhistas. Procure ser lúcido, equilibrado e justo, evitando que as emoções dominem o processo de demissões que se tornou inevitável.

3-"Eu e meu(s) sócio(s) podemos colocar pessoas da família para trabalhar na nossa empresa?"

Resposta: Primeiro ponto importante: ANTES de assinar o contrato social da empresa, defina com os sócios uma política em relação à contratação de familiares e amigos. Definida essa regra por consenso entre os sócios, afinal, ela deve ser cumprida por todos – sem exceção. O que se combina antes, não custa caro a ninguém depois. Para tomar essa decisão e formular a regra, respondam a seguinte pergunta: cada um de vocês, como líderes de um empreendimento, é capaz de separar bem as relações de afeto das relações profissionais? Ou, talvez, seja melhor perguntar: vocês são capazes de "misturar" afeto e trabalho sem prejudicar os negócios?

Temos uma amiga, a Izabel, que tem sua própria empresa há mais de trinta anos. O negócio vai bem, e os dois filhos, quando cresceram, fizeram a escolha de ir trabalhar com a mãe. Alguns amigos em comum, mais pessimistas, previram que o negócio corria o risco de desandar. Outros, mais otimistas, acharam que não haveria problemas maiores porque, afinal, Izabel estava habituada a ser "muito maternal" com todos os seus funcionários. Nós preferimos não dar opinião, e deixar o tempo passar para observar o que aconteceria.

Depois de uns três anos, porém, verificamos que os clientes continuavam prestigiando o trabalho da empresa, e Izabel nos contou que estava pronta para fazer novos investimentos de expansão: ia criar duas novas áreas de negócios que ficariam sob a responsabilidade exclusiva de cada um dos filhos. Nessa conversa, para satisfazer a curiosidade empreendedora, perguntamos objetivamente a Izabel como ela conseguia esses bons resultados em uma empresa "tão familiar". A resposta foi curta e direta: "Nunca tratei meus funcionários como filhos; por outro lado, sempre eduquei meus filhos como se já fossem meus funcionários. Em relação aos estudos e ao trabalho, espero que filhos e funcionários estejam sempre dispostos a aprender. Sendo mais jovens e inexperientes, eles têm todo o direito de perguntar o que não sabem e até de errar. Mas não aceito que repitam as mesmas perguntas e os mesmos erros, porque isso mostra que não estão se esforçando para aprender."

Se você e seu(s) sócio(s) tiverem essa perspectiva bem definida em relação ao desempenho de filhos, parentes e amigos, por que não deixá-los trabalhar na empresa? Eles podem ser grandes colaboradores e trazer ideias renovadoras para o negócio. Bom exemplo disso também é o do Ricardo (Capítulos 3 e 12) que reinventou a camisaria do pai, lembra?

4 –"O meu problema é dinheiro: tenho meu modelo de negócio pronto, mas não tenho capital para abrir as portas da empresa. O que posso fazer?"

> **@tuitando:**
> Quando se trata de dinheiro, se você se sente em dúvida, então, é melhor ser conservador.

Resposta: A maioria dos empreendedores, quando decide abrir negócios de pequeno e médio portes, enfrenta o mesmo problema: falta de capital inicial. É que, na verdade, eles estão tentando montar um negócio próprio justamente para ter uma nova fonte de receita ou estão ainda começando a vida, são jovens demais para já contar com algum patrimônio. Nessas condições, é fato: não é fácil conseguir crédito diretamente nos bancos para empresas que estão começando e não conseguem demonstrar ainda históricos anuais de faturamento e nem oferecer outras garantias patrimoniais. Por isso mesmo é que grande parte acaba tendo que apelar para o chamado *love money*, isto é, aquele empréstimo inicial que vem "do coração" das pessoas envolvidas afetivamente com o empreendedor – pai, mãe, irmão, sogros, tios, amigos.

Em relação ao *love money* temos três alertas para você: 1) Não é porque a pessoa ama você e pode lhe emprestar o dinheiro inicial, que ela não precisa receber e ser apresentada a um projeto de negócio com um **planejamento muito bem estruturado, bem escrito e com boa aparência**. E, se você percorreu a sério o Mapa do Seu Negócio, já tem em mãos esse documento; 2) Justamente por que essa pessoa ama você e vai lhe viabilizar o capital inicial, você tem o dever de respeitá-la e de lhe oferecer a convicção de que está fazendo um bom negócio; e 3) Encare esse *love money* com a mesma seriedade e gravidade de um empréstimo bancário: pague em dia exatamente nas condições combinadas. Agindo assim, vai sempre poder contar com o suporte financeiro das pessoas que amam você. Caso contrário, a fonte vai secar. Pode ter certeza: mesmo amando muito, as pessoas não gostam de se sentir ludibriadas – nem pelos filhos.

Atualmente, essa escassez histórica de linhas de crédito para pequenos e médios empreendedores e seus negócios em início de operação está mudando gradativamente no Brasil. Quem quer abrir as portas de uma empresa tem que estar atento às tendências e às mudanças no cenário de crédito – por mais incipientes que ainda sejam. Além de usar o documento de planejamento do Mapa do Seu Negócio em busca do *love money*, como já dissemos antes, utilize-o também para buscar outros apoios, pois o mercado brasileiro começa a oferecer alternativas aos empreendedores.

Uma delas são os chamados investidores-anjos – profissionais experientes, em geral, empreendedores bem-sucedidos de algum setor determinado, que decidem passar a investir também em empresas iniciantes na mesma área que já conhecem bem. Esse tipo de iniciativa surgiu nos Estados Unidos com o nome de *angel investor* ou *smart money*. O objetivo desses investidores é o retorno financeiro potencial das novas empresas para as quais disponibilizam capital inicial. Além disso, oferecem suporte técnico ao empreendedor novato e se tornam sócios minoritários do negócio. Quando esses "anjos" conseguem escolher bem onde investir, em dez ou quinze anos colhem frutos financeiros suculentos. No Brasil, os investidores-anjos estão literalmente em ascensão. Já existem livros publicados sobre o assunto, sites (por exemplo, há a página www.anjosdobrasil.net.br) e comunidades nas redes sociais.

Cada vez mais, as universidades brasileiras estão se mobilizando para, além de formar e capacitar novos empreendedores, também patrocinar iniciativas que viabilizem os primeiros recursos financeiros para empresas em incubadoras. Estão aumentando, por exemplo, os concursos entre Planos de Negócios! Os melhores planejamentos, claro, levam um prêmio em dinheiro que pode ser o primeiro aporte de capital da sua empresa. Olha, ninguém está aqui para tentar "dourar a pílula" e lhe dizer que é fácil conseguir dinheiro para abrir sua empresa. Por outro lado, as novas oportunidades estão por aí. Então, você tem que ficar antenado, participar e ir atrás da alternativa feita sob medida para seu negócio. O que o empreendedor não pode fazer é parar por falta de dinheiro.

Vamos dizer que, de acordo com seu modelo de negócio e com margem de segurança conservadora (20% a mais), você chegou à conclusão de que precisaria de R$ 100 mil para abrir a empresa. Apesar da sua convicção empreendedora de que esse será um bom negócio, você não conseguiu levantar recursos, além daqueles R$ 10 mil que estão aplicados na sua poupança. A pergunta é: "Por causa disso você vai parar?" A resposta é: NÃO! Reveja e repense o planejamento em busca de uma maneira para "enxugar" a operação. Comece menor, talvez um pouco mais tímido, mas não deixe de acreditar na sua visão empreendedora.

Em 2011, a Universidade de São Paulo (USP) trouxe a São Paulo, para dar uma palestra, o cientista Prêmio Nobel de Química, Dan Shechtman. Além de químico reconhecido internacionalmente com outras premiações, ele também se destaca por se dedicar às questões relacionadas ao empreendedorismo. Shechtman considera fundamental que as faculdades ensinem sseus alunos como desenvolver o próprio negócio a partir de ideias novas. Segundo ele, há uma década, as melhores universidades de todo mundo diziam a seus estudantes que se eles entraram em suas faculdades é porque eram inteligentes e que, quando saíssem, seriam imediatamente contratados pelas melhores empresas do mundo. Na opinião de Shetchman, porém, atualmente, esse raciocínio está mudando. Assim, os alunos são tão inteligentes que, ao saírem dessas faculdades, poderão abrir sua própria empresa.

Dicas

• A rotina é nossa arma contra a desorganização e nosso antídoto contra os imprevistos. Mas a rotina também embota nossa visão estratégica e atrofia nossas múltiplas inteligências.

• Para vencer a rotina no pensamento estratégico, crie a rotina de sair da rotina. Para saber COMO, leia ou releia nossas 7 sugestões nesse Capítulo 13.

• Na hora de escolher um sócio, pense antes: você precisa mesmo de um sócio? Se chegar à conclusão que sim, mais do que capital, verifique se o sócio agrega ao negócio competências complementares às suas e compartilha com você os mesmos valores e expectativas.

• Para selecionar funcionários, tenha em mãos um *job description* detalhado, ou seja, antes defina bem o que quer para poder contratar o profissional com o perfil de que realmente precisa.

• Se colocar familiares ou amigos para trabalhar na empresa, saiba separar bem as coisas. Ou melhor, saiba "misturar" muito bem afeto e desempenho sem trazer malefícios ao trabalho.

• Se o que está lhe faltando para abrir a empresa é o capital inicial, aqui estão nossas três sugestões: 1) Mesmo que os investidores potenciais sejam seu pai e sua mãe, faça uma apresentação formal do seu modelo de negócio; 2) O cenário, no Brasil, está mudando em relação à captação de capital inicial devido à atuação de investidores-anjo e concursos de Planos de Negócios; e 3) Se não conseguir captar todo o dinheiro de que precisa, não vale entrar em paralisia: reduza o plano ao mínimo e siga em frente.

6 6 O tiro no pé é...

...entrar na rotina e acreditar que não precisa reinventar o negócio."

CONCLUSÃO
O novo ponto de partida

Nós acabamos de percorrer juntos o Mapa do Seu Negócio e esperamos ter cumprido o objetivo do nosso livro: mostrar a você – de forma simples e agradável – como planejar e aplicar a lógica do raciocínio empreendedor na gestão diária da sua empresa. Essa estratégia é sua melhor arma para chegar ao sucesso empreendedor!

A partir de agora, se você realmente colocar em prática o que aprendeu neste livro, nós consideramos nossa missão cumprida. Pelo menos, até que a vivência profissional em empreendedorismo nos traga novas ideias e práticas para que possamos compartilhá-las com você em futuros projetos editoriais. Sim, claro, como todo empreendedor, nossa cabeça também não para, não se acomoda e está em constante efervescência em busca da inovação.

Consideramos que o maior aprendizado que você pode tirar do nosso livro é: o Mapa do Seu Negócio é um caminho com ponto de partida, mas sem reta final; a lógica do raciocínio empreendedor deve ser incorporada a cada passo diário para manter sua trajetória em constante processo evolutivo.

Por isso, em vez de representar o Mapa do Seu Negócio como uma estrada linear, como fizemos na Apresentação deste livro, aqui, na conclusão, preferimos mostrá-la a você como uma espiral ascendente. Ou seja, à frente da gestão da sua empresa, você passará infinitas vezes pelos mesmos lugares, fazendo perguntas em busca de novas respostas. Portanto, os desafios nunca serão os mesmos, você estará diferente, o cenário nunca será igual e seu negócio sempre deve buscar a inovação.

Você já teve a oportunidade de viajar pelo menos duas vezes para a mesma cidade em outro país? Reparou como aprendemos, observamos e percebemos coisas diferentes a cada visita? Na primeira viagem a Nova York, por exemplo, queremos ver tudo ao mesmo tempo; a cidade é grande, desconhecida e não podemos deixar escapar nada: Estátua da Liberdade, Empire State Building, Chrysler Building, Rockefeller Center, Central Park, shows da Broadway, museus. Há tanto para conhecer, o tempo parece curto e dá até um pouco de ansiedade.

Quando a gente volta à Big Apple, a primeira vantagem é que não se perde mais no metrô – já aprendemos antes como ir para onde queremos. Também ficamos mais relaxados e mais receptivos à ideia de conhecer regiões mais afastadas do próprio hotel: Soho, Queens, Brooklyn, shows off-Broadway... Quem sabe descobrir um restaurante novo ou voltar ao MoMA só para ter o prazer de rever *A noite estrelada* do Van Gogh? Você caminha pelas ruas com menos ansiedade e tem disposição para sentar em um café e observar os nova-iorquinos.

Na terceira vez que for a Nova York, já vai ter um senso de orientação muito melhor ao caminhar pelas ruas porque já conhece a geografia da cidade. Com calma, vai percorrer caminhos já conhecidos, lugares preferidos e descobrir novas coisas que também vão se tornar suas favoritas. E, quando retornar, cada vez menos ansioso, terá tempo e disposição para descobrir os detalhes que diferenciam Nova York das outras cidades do mundo que você conhece.

Todo lugar é novo a cada dia – inclusive, o seu negócio –, se você conseguir manter os olhos bem abertos e a mente atenta para observar. E essa é justamente a analogia que fazemos com o Mapa do Seu Negócio aplicada na gestão diária da sua empresa. Com o nosso livro nas mãos, você tem o guia para orientar sua caminhada a cada novo ponto de partida na direção da inovação constante do seu negócio. Portanto, você é nosso convidado: visite e revisite o Mapa do Seu Negócio estimulado pelas questões que apresentamos na ilustração a seguir:

Gestão diária do seu negócio

Quando estávamos conversando para definir o que queríamos dizer ao final do nosso livro, chegamos à conclusão de que desejávamos dar ênfase à ideia de que, embora interminável, o Mapa do Seu Negócio pode – e deve – ser percorrida com alegria, criatividade e prazer. E a memória nos trouxe, para compartilhar com você, o que aprendemos no livro *O encontro marcado*, de Fernando Sabino:

> "De tudo, ficaram três coisas: a certeza de que ele estava sempre começando, a certeza de que era preciso continuar e a certeza de que seria interrompido antes de terminar. Fazer da interrupção um caminho novo. Fazer da queda um passo de dança, do medo uma escada, do sono uma ponte, da procura um encontro."

Que o Mapa do Seu Negócio seja sempre uma boa viagem!

Bibliografia

ANDERSON, Chris. *A cauda longa*: do mercado de massa para o mercado de nicho. Rio de Janeiro: Campus, 2006.

ANDRADE, Renato Fonseca de. *Conexões empreendedoras*. São Paulo: Editora Gente, 2010.

ANGELO, Claudio Felisoni de; GIANGRANDE, Vera. *Marketing de relacionamento no varejo*. São Paulo: Atlas, 1999.

BERNSTEIN, Peter L. *Desafio aos deuses*: a fascinante história do risco. Rio de Janeiro: Editora Campus, 1997.

BLANK, Steven Gary. *Do sonho à realização em 4 passos*: estratégias para a criação de empresas de sucesso. São Paulo: Évora, 2012.

DALTRO, Ana Luiza; OYAMA, Érico. As lições dos vencedores. *Revista Veja*, São Paulo, 30 nov. 2011, edição 2245, n° 48.

DORON, Roland; PAROT, Françoise. *Dicionário de psicologia*. São Paulo: Ática, 1998.

GARDNER, Howard. *Estruturas da mente*: a teoria das inteligências múltiplas. Porto Alegre: Artmed, 1995.

KNIGHT, Frank. *Risk, uncertainty and profit*. Dover Publications, 2006.

KOTLER, Philip. *Marketing*: edição compacta. São Paulo: Atlas, 1980.

_____. *Marketing de A a Z*: 80 conceitos que todo profissional precisa saber. Rio de Janeiro: Editora Campus, 2003.

MAIA, Samantha. Sem Ressaca. *Carta Capital*, São Paulo, 09 mai. 2012, ano XVII, n° 696.

MORGADO, Manoel. *Sonhos verticais*: escaladas ao Cho Oyu e Everest. Porto Alegre: Artes & Ofícios, 2012.

OSTERWALDER, Alexander; PIGNEUR, Yves. *Business Model Generation*: inovação em modelos de negócios. Rio de Janeiro: Alta Books, 2011.

PRIMI, Lilian. Sem intermediários. *Carta Capital*, São Paulo, 16 mai. 2012, ano XVII, n° 697.

RIBEIRO, Júlio; KAKUTA, Susana Maria. *Trends Brasil*: tendências de negócios para micro e pequenas empresas. Porto Alegre: Sebrae/RS, 2007.

RIES, Eric. *A startup enxuta*: como os empreendedores atuais utilizam a inovação contínua para criar empresas extremamente bem-sucedidas. São Paulo: Lua de Papel, 2012.

SABINO, Fernando. *O encontro marcado*. Rio de Janeiro: Record, 2010.

SASAKI, Daniel. A primeira derrota chinesa. *Revista Exame*, São Paulo, 16 de maio de 2012, p. 71-72.

SHECHTMAN, Dan. Da educação e da ciência no século 21, in *Jornal da USP*, 6 a 12 de agosto de 2012, p. 20.

SILVA, Ozires. *Cartas a um jovem empreendedor*: realize seu sonho. Vale a pena. Rio de Janeiro: Elsevier Editora, 2006.

SPERBER, Dan. "Como nos comunicamos?". In: BROCKMAN, John. *As coisas são assim*. São Paulo: Companhia das Letras, 1997.

TZU, Sun. *A arte da guerra*. Rio de Janeiro: Record, 2000.

UNDERHILL, Paco. *Why We Buy*: the science of shopping. New York: Simon & Schuster, 2009.

WATTS, Duncan J. *Tudo é óbvio*: desde que você saiba a resposta (como o senso comum nos engana). São Paulo: Paz e Terra, 2011.

ZULZKE, Maria Lúcia. *Abrindo a empresa para o consumidor*. Rio de Janeiro: Qualitymark, 1991.

Sites e textos digitalizados

AIR SCOOP. Ryanair's Business Model - a peek into the airline's recipe to success. Disponível em: <http://blogs.opinion-

malaga.com/costa-de-que/files/2012/12/Ryanair-business-model_Air-Scoop_2011.pdf >. Acesso em: 16 dez. 2013.

ALEIXO, Ailin. Barman, não! Mixologista! Disponível em: <http://revistaalfa.abril.com.br/estilo-de-vida/bares/barman-nao-mixologista/>. Acesso em: 16 dez. 2013.

BITTENCOURT, Renato Nunes. O medo na era da liquidez. Disponível em: <http://filosofiacienciaevida.uol.com.br/ESFI/Edicoes/36/artigo141617-1.asp>. Acesso em: 16 dez. 2013.

CASA EURICO. Institucional. Disponível em: <http://www.eurico.com.br/historia.asp>. Acesso em: 16 dez. 2013.

CHARIFIKER, Samy. O Sistema de Franquia e o seu crescimento no Brasil. Disponível em: <http://becker-advogados.jusbrasil.com.br/noticias/2632389/o-sistema-de-franquia-e-o-seu-crescimento-no-brasil>. Acesso em: 16 dez. 2013.

UNIVERSIDADE CASTELO BRANCO. Ecologia Geral. Disponível em: <http://ucbweb2.castelobranco.br/webcaf/arquivos/ciencias_biologicas/ecologia_geral.pdf >. Acesso em: 16 dez. 2013.

EMBRAPA. Importância Econômica, Agrícola e Alimentar do Arroz. Disponível em: <http://sistemasdeproducao.cnptia.embrapa.br/FontesHTML/Arroz/ArrozIrrigadoBrasil/cap01.htm>. Acesso em: 16 dez. 2013.

SASAKI, Daniel. Chineses Apanham no Mercado de Motos. Disponível em: <http://exame.abril.com.br/revista-exame/edicoes/1016/noticias/chineses-apanham-no-mercado-de-motos>. Acesso em: 16 dez. 2013.

FÁBRICA DE CASAMENTO. Disponível em: <http://fabricadecasamento.com.br/pesquisas/>. Acesso em: 16 dez. 2013.

FARMAIS. Disponível em: <http://www.farmais.com.br/index.php?option=com_content&view=article&id=1&Itemid=103>. Acesso em: 16 dez. 2013.

GAMA, Maria Clara Salgado. A teoria das inteligências múltiplas e sua implicação para a educação. Disponível em: <http://www.psicopedagogia.com.br/artigos/artigo.asp?entrID=18>. Acesso em: 16 dez. 2013.

JESPERSEN, Jesper. Post-Keynesian economics: uncertainty, effective demand & (un)sustainable development. Disponível em: <http://cemf.u-bourgogne.fr/z-outils/documents/communications%202009/Jesper.pdf>. Acesso em: 27 fev. 2012.

JORNAL DA TARDE. País terá de rever idade de aposentadoria. Disponível em: <http://blogs.estadao.com.br/jt-seu-bolso/tag/populacao-idosa/>. Acesso em: 16 dez. 2013.

SLOW FOOD BRASIL. Disponível em: <http://www.slowfoodbrasil.com/>. Acesso em: 16 dez. 2013.

CBN. "No LinkedIn, você pode mostrar a sua identidade profissional." Disponível em: <http://cbn.globoradio.globo.com/colunas/mundo-corporativo/2012/04/21/no-linkedin-voce-pode-mostrar-a-sua-identidade-profissional.htm>. Acesso em: 16 dez. 2013.

OVERLAND. Disponível em: <http://www.overland.tur.br/01_over/over_port.htm>. Acesso em: 16 dez. 2013.

PAULINO, Alice Dias e ROSSI, Sonia Maria Morro. Um estudo de caso sobre perfil empreendedor – Características e traços de personalidade empreendedora. Egepe – Encontro de Estudos Sobre Empreendedorismo e Gestão de Pequenas Empresas. Brasília, 2003. Disponível em: <http://www.dad.uem.br/graduacao/adm/graduacao/download/2762-07.pdf>. Acesso em: 22 mar. 2012.

PORTAL G1. Microsoft concretiza compra do Skype por US$ 8,5 bilhões. Disponível em: <http://g1.globo.com/tecnologia/noticia/2011/10/microsoft-concretiza-compra-do-skype-por-us-85-bilhoes.html>. Acesso em: 16 dez. 2013.

SEBRAE. Oportunidades de negócios. Disponível em: <http://www.sebrae-sc.com.br/novos_destaques/oportunidade/default.asp?materia=18912>. Acesso em: 16 dez. 2013.

SOUSA, Ana Paula; CÁRCAMO, Gonzalo. Mulheres ricas. De verdade. Disponível em: <http://www.cartacapital.com.br/sociedade/mulheres-ricas-de-verdade-2>. Acesso em: 16 dez. 2013.

CAGLAR, Deniz; KESTELOO, Marco; KLEINER, Art. How Ikea Reassembled Its Growth Strategy. Disponível em: <http://www.strategy-business.com/article/00111?gko=66b6e >. Acesso em: 16 dez. 2013.

FERRÁSPARI. Disponível em: <http://www.ferraspari.com.br/>. Acesso em: 16 dez. 2013.

Estudos de casos

Estudo de caso 1
Renata e Diogo: um casal (quase) perfeito!

Renata tinha acabado de entrar na faculdade. Queria ser pedagoga, ou melhor, tinha o sonho de ter uma escola de educação infantil. Cresceu com seus pais tomando conta do mercadinho da família, no bairro onde moravam. Vivia os altos e baixos do comércio, porém, no final, sempre dava para ter uma vida simples, mas não faltava nada.

Diogo fazia direito. Sonhava ser promotor. Seu pai era metalúrgico desde adolescente. Sua mãe trabalhava como funcionária pública num posto de saúde próximo de sua residência. Vivia uma vida tranquila, sem sobressaltos. Seus pais sempre o alertavam sobre a importância de ter uma faculdade para conseguir um bom emprego!

Certo dia, num evento da faculdade, Renata e Diogo se conheceram. E, como acontece para muitos jovens, namoraram, noivaram e tinham planos para se casar. Mas, logo que se formaram, sentiram o drama de se inserir no mercado de trabalho. Enviaram currículo, participaram de entrevistas e... nada!

Para Renata, o emprego era algo temporário. Queria juntar algum dinheiro para montar sua sonhada escola. E, para Diogo, o emprego garantiria um recurso para fazer um curso preparatório para o concurso de promotor.

Passados seis meses, as perspectivas tinham diminuído. Precisavam fazer alguma coisa e decidiram que fariam juntos. Conversaram bastante num fim de semana e chegaram a uma conclusão: iriam montar um negócio. Mas qual? Pensaram bastante e analisaram os recursos que tinham: pouco dinheiro e um espaço na casa de Diogo. Como Renata era formada em Pedagogia e Diogo, em Direito, decidiram montar uma escola de aulas particulares para reforço de alunos do ensino fundamental.

Então, criaram um projeto maravilhoso! E decidiram compartilhar com alguns amigos. E, entre eles, VOCÊ! Marcaram um jantar na pizzaria e num guardanapo rascunharam a ideia. Tinham planos para casar em três anos. Diogo vislumbrava guardar um dinheiro para fazer o curso preparatório. E Renata via neste início de negócio a oportunidade de montar sua escola.

Eles olham para VOCÊ, cheios de esperança em ouvir alguma palavra que pudesse dar uma luz e direcionamento...

Como abordaria o assunto tratado pelos seus amigos?

Saberia avaliar se eles são empreendedores? Em que grau de Afeição a Risco cada um deles se encontra?

Eles possuem um bom autoconhecimento de suas capacidades empreendedoras?

Monte um roteiro para analisar esta ideia de seus amigos. Faça 5 perguntas-chave para ajudá-los a pensar sobre a ideia de negócio.

Estudo de caso 2
Igual ou diferente?

Vamos exercitar sua capacidade de observação. O empreendedor é um ser curioso. Gosta de observar, comparar e tirar ideias e conclusões que poderão ser implantadas no seu negócio.

Vá para um lugar onde tenha uma concentração de pequenos negócios que concorrem entre si. Exemplos: praça de alimentação de shopping, feira livre, ruas temáticas (Rua das Noivas, por exemplo, localizada no bairro da Luz, na cidade de São Paulo).

Comece a observar cada empreendimento. Responda as perguntas:

a. Qual parece ser a empresa líder?

b. O que a difere frente aos concorrentes?

c. Marque pelo menos 3 atributos que ela tem e que outros concorrentes não possuem.

d. Qual aparenta ser a empresa mais frágil?

e. O que a difere frente aos concorrentes?

f. Marque pelo menos 2 atributos que passam a imagem de uma empresa fraca.

Faça a mesma pergunta para mais alguns colegas. Anote as respostas.

Agora compare os resultados. Veja o que é comum na visão de todos. Você pode tirar uma conclusão dos valores que cada empresa está passando ao cliente.

Anote todas as ideias e pensamentos que surgirem em sua mente. Nessas histórias empreendedoras podem ter alguns "toques" bem interessantes que o ajudarão na construção do seu negócio!

Estudo de caso 3
Eu... o cliente

Você, como consumidor, frequenta algumas lojas, lanchonetes e lugares que tem a ver com o seu jeito de ser. Mas pare para pensar: como você é visto? Que tipo de cliente você é para cada lugar que frequenta?

Vamos exercitar o Mapa da Empatia?

Este exercício deve ser feito por você e mais um amigo. Vamos lá!

Vocês dois devem escolher um mesmo local onde frequentam. Feito isto, cada um representará um papel: o EMPRESÁRIO e o CLIENTE.

Os dois devem estar com o Mapa da Empatia nas mãos e algumas revistas que servirão para apoio. Num primeiro momento, você será o EMPRESÁRIO daquele lugar e seu amigo o CLIENTE.

Você fará o Mapa da Empatia sob a perspectiva do EMPRESÁRIO. Cada detalhe não pode passar despercebido. Colará no mapa as figuras que representam sua ideia e sua visão sobre o SEU CLIENTE.

Do outro lado, seu amigo, fará o mesmo. Mas sob a perspectiva do CLIENTE. Como ele gostaria de ser visto pelo EMPRESÁRIO.

Terminada esta etapa, cada um guarda seu mapa, sem mostrar para o outro.

Agora, para a próxima etapa, inverte-se o papel. Você será o CLIENTE e seu amigo, o EMPRESÁRIO. Cada um fará novamente um novo Mapa da Empatia sob a nova perspectiva.

Finalizada esta fase, será a hora da apresentação.

Primeiro, cada um apresentará o Mapa da Empatia sob a perspectiva do EMPRESÁRIO. Veja cada detalhe. Compare as semelhanças e as diferenças. São muitas? Quais são as semelhanças? Quais são as diferenças? Discutam e busquem construir um Mapa da Empatia único entre vocês.

Agora, pegue seu Mapa da Empatia do Cliente. Veja como gostaria de ser visto e compare como seu amigo, sob a perspectiva do empresário, enxerga este CLIENTE. Peça para seu amigo fazer o mesmo.

Há muita diferença entre como você se enxerga CLIENTE e como seu amigo o enxerga na ótica de EMPRESÁRIO? E, o contrário, como é?

Debatam entre vocês estas diferentes perspectivas. Se as diferenças entre as visões de EMPRESÁRIO e CLIENTE forem grandes, pode ser que o empreendedor esteja com dificuldades de entender quem é o seu cliente.

Então, mão na massa!

Estudo de caso 4
Descobrindo o valor da empresa...
Para o cliente!

Retome o Capítulo 2.

Escolha, pelo menos, duas empresas e preencha o quadro abaixo anotando os fatores que a diferem dos concorrentes:

Empresa 1:_____

Fatores da proposta de valor do negócio	
Inovação	
Desempenho	
Personalização	
Design	
Usabilidade	
Atributos da marca	
Preço	
Redução de custo	
Redução de risco	
Acessibilidade	
Conveniência	

Empresa 2:_____

Fatores da proposta de valor do negócio	
Inovação	
Desempenho	
Personalização	
Design	

Usabilidade	
Atributos da marca	
Preço	
Redução de custo	
Redução de risco	
Acessibilidade	
Conveniência	

Analise os dois quadros. Você percebe o que faz a Empresa 1 ter mais valor no olhar do cliente?

Estudo de caso 5
Desbravando novos caminhos!

Beatriz é uma empresária bem-sucedida. Tem uma pizzaria bem movimentada numa cidade com 300 mil habitantes.

Ela sabe que seu negócio já está no limite. Não há mais espaço físico para ampliação. Mas para ela isto não é problema, afinal, está com a cabeça fervilhando de ideias.

Já decidiu sobre os objetivos que, para ela, são imprescindíveis:

• Quer continuar no ramo de pizzas;

• Tem clareza que a qualidade das pizzas e a localização do restaurante são valorizadas pelos clientes;

• Quer inovar.

Surgiram quatro ideias:

• Montar uma filial num outro ponto da cidade;

• Abrir um *fast-food* de pizza em algum shopping;

• Organizar carrinhos que vendam pizza em frente a alguma Universidade e nas duas principais praças da cidade;

• Criar uma fábrica de pizza, com sua marca registrada e entregar nos supermercados da região.

Baseado na Proposta de Valor que Beatriz adotou, faça uma análise de cada ideia, estabelecendo um ranking. Justifique.

Estudo de caso 6
Aprendendo a ouvir

Continuando o exercício do Estudo de Caso 5, após analisar o ranking das melhores opções de ampliação do seu negócio, Beatriz ainda tem dúvidas:

• Será que meus atuais clientes seriam também clientes do meu novo negócio?

• Além da Proposta de Valor que estabeleceu anteriormente, qual Proposta de Valor adicional que cada ideia agregará?

• Qual o perfil do cliente para cada ideia?

• Estou preparada para ter um bom canal de comunicação com o cliente deste novo negócio?

Além disso, Beatriz deseja ouvir os clientes e necessita da sua ajuda. Como não dispõe de recursos suficientes para pagar uma empresa de pesquisa, quer elaborar um questionário e aplicar para os seus clientes e não clientes.

Sua missão é:

• Ajudar a definir o perfil do público para cada ideia;

• Auxiliar a identificar se a aplicação do questionário somente com os clientes da pizzaria é interessante ou não;

• Estruturar um roteiro para o questionário;

• Realizar uma aplicação-teste do questionário;

• Definir o questionário final.

Estudo de caso 7
Discutindo a minha relação com o dinheiro

Todo empresário de sucesso tem uma relação sadia com o dinheiro. Empresas foram feitas para lucrar. Com o lucro, pode-se investir no crescimento do negócio e, além disso, ele permite ao empresário desfrutar, na sua vida pessoal, o resultado de seu empenho e dedicação.

Pode parecer estranho, mas muitos empreendedores querem que seus negócios deem lucro, mas ficam constrangidos quando começam a ganhar dinheiro. Isto vem de crenças que herdamos, sejam da família, da sociedade e da cultura em que vivemos, de que desejar obter muito lucro é sinônimo de ser uma pessoa gananciosa.

Chegou a hora de você aprender como os empreendedores de sucesso se relacionam com o dinheiro. Para isto, vamos usar uma técnica chamada de MODELAGEM. Esta técnica simples, mas eficaz, resume-se primeiramente em compreender qual é a relação do empreendedor com o sucesso. Depois, verificar O QUE e COMO ele faz para atingi-lo. Por último, você vai analisar sua relação com o dinheiro, o que tem feito e como tem feito. A partir daí, poderá estabelecer mudanças em suas atitudes, sem perder sua característica pessoal.

EXERCÍCIO: Entrevistando o empreendedor. Escolha alguns empreendedores que você admire e aos quais tenha acesso e faça uma entrevista. Anote todas as informações. Abaixo, temos uma sugestão de roteiro:

1) Defina o que é SUCESSO?

2) Quais os principais pontos que você acha importante para atingir os resultados que até agora conquistou?

3) Na sua rotina diária, o que é imprescindível para conseguir o sucesso?

4) Como você adquiriu estes hábitos na sua rotina?

5) Qual é sua relação com o dinheiro?

Com as respostas, analise detalhadamente cada uma delas. Depois, responda o seu questionário, com a maior sinceridade possível. Compare as respostas. Analise o que você tem em comum e aquilo que precisa aprimorar. Veja como é a rotina destes empreendedores e como eles aprimoraram estes hábitos positivos.

Estabeleça uma prioridade por vez e uma estratégia para cultivar novos hábitos. Converse com amigos que já tem estas características e observe como eles agem. Imitando, você começa a desenvolver novas atitudes que podem ajudá-lo numa relação saudável com o dinheiro.

Estudo de caso 8
Não custa perguntar!

Voltemos para o exercício do Estudo de Caso 6. Após a análise das novas oportunidades, escolha um negócio no qual a Beatriz investirá. Feita a escolha, responda as perguntas abaixo:

• Qual é a atividade-chave para a operação e a lucratividade do novo negócio?

• O que poderia ser terceirizado? O que não pode em nenhuma hipótese ser terceirizado?

• Vamos colocar no papel cada uma das tarefas necessárias para a realização da nova atividade como um todo. O processo é longo? Demanda quantas horas de trabalho por dia? O processo poderia ser reduzido? Como? E se...?

• Com um processo bem enxuto para a realização da nova atividade, quantos funcionários novos serão necessários? Com qual formação? Que faixa salarial?

• Quais os recursos-chave imprescindíveis para o sucesso do novo negócio?

• Há fontes alternativas caso estes recursos tornem-se escassos?

Anote cada resposta. Depois releia o que você escreveu. Discuta com colegas suas respostas e analise as opiniões.

No final complete as frases abaixo:

A ATIVIDADE-CHAVE DA NOVA EMPRESA DE BEATRIZ É _____.

OS RECURSOS-CHAVE SÃO:

1._____
_____

2._____
_____

3._____
_____

4._____
_____

5._____
_____

Estudo de caso 9
Minha rede de relacionamento

Vamos fazer uma reflexão da sua atual rede de parceiros e relacionamento. Para tanto, você escolherá as pessoas que estão mais próximas ou com as quais você tem maior contato. Depois, para cada pessoa da sua rede, também escolherá 3 pessoas que ela tem maior contato. Faça um esquema como o exemplo abaixo.

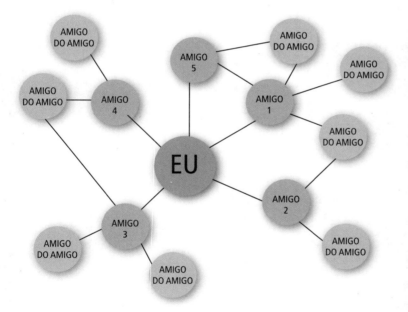

Analise sua atual rede. Qual é o perfil das pessoas? Quantos são empreendedores? Com quem você poderia fazer modelagem? O que cada um pode lhe ensinar?

Se você chegar à conclusão de que, na sua rede, faltam pessoas empreendedoras, mas que possui amigos que tem amigos empreendedores, será a maneira mais fácil de fazer novas conexões e obter novos aprendizados. Uma rede evolui sempre e você notará que ano após ano, novas conexões serão realizadas e outras deixarão de existir.

Portanto, todo empreendedor tem que ter CONEXÕES EMPREENDEDORAS numa parte da sua rede. Vamos lá, conecte-se!

Estudo de caso 10
Corte... sem dor!

"Despesa é igual à unha, cresce todo dia! Portanto, temos que cortar sempre!" Esta frase é de um consultor sênior, especialista em gestão de resultados, que sempre dizia isto aos empresários que o consultavam.

Esta disciplina deve virar hábito em todos os colaboradores da equipe.

Mas, qual despesa cortar?

SITUAÇÃO: Carlos e Andreia possuem uma confeitaria. Fazem bolos deliciosos e doces divinos para festas. A empresa, no último ano, dobrou a receita, mas as despesas crescem num ritmo maior. Iniciaram o ano com 5 funcionários e, agora, estão com 18. O faturamento cresceu 120%. As despesas fixas aumentaram 150%. E os custos de produção, 20%. Eles estão prestes a perder o controle das despesas. Sabem que precisam fazer alguma coisa, então procuram você, para ajudá-los neste desafio. Após um estudo, chegaram à conclusão que devem cortar 35% dos custos.

Por onde começar? Vamos sugerir as três hipóteses abaixo. Discuta com seu grupo de estudo os prós e contras de cada uma delas. Escolha aquela que melhor atenda o objetivo dos empresários. Caso não concorde com nenhuma delas, monte uma outra hipótese e justifique.

HIPÓTESE A: atacar em várias frentes: troca de fornecedor dos produtos para produção do bolo e doces, com objetivo de comprar o mais barato; troca de equipamentos por outros de menor consumo de energia; demitir 6 funcionários.

HIPÓTESE B: rever os processos de trabalho, buscando aumentar a produtividade; nesta revisão, os processos que apresentarem desperdício de produto e energia, além de ociosidade de mão de obra, terão prioridade na redução dos custos e das despesas. Se após a revisão dos processos, ainda não atingiu o objetivo, priorizar redução na área administrativa e renegociar contrato com os fornecedores. Avaliar outras marcas para matéria-prima, que tenham melhor custo x benefício, sem perder o foco na qualidade.

HIPÓTESE C: chamar toda a equipe e apresentar a situação. Todos os setores deverão reduzir 35% das despesas. O corte é linear e envolve o trabalho de todos.

Contato com os autores

apreis@editoraevora.com.br

emvieira@editoraevora.com.br

Este livro foi impresso em papel *Offset* 70 g pela gráfica Maistype.